AF451721

# LE
# TRÉSOR DE BEAUJEU

Sa composition — Son importance

Son origine

Et les circonstances qui en ont amené le dépot

en cet endroit

La date de ce dépot

## ÉTUDE HISTORIQUE

PAR

### Le Docteur J. BERTIN

MÉDECIN HONORAIRE DES HOSPICES DE GRAY

Membre de l'Association Française pour l'avancement des Sciences,
Membre de la Société Française d'Archéologie,
de la Société bourguignonne de Géographie et d'Histoire,
de la Société des Sciences et Arts de la Haute-Saône,
Membre correspondant de l'Académie de Dijon,
de la Société d'Émulation du Doubs.

GRAY

IMPRIMERIE ET LITHOGRAPHIE DE GILBERT ROUX

1898

# LE TRÉSOR DE BEAUJEU

42

# LE

# TRÉSOR DE BEAUJEU

---

SA COMPOSITION. — SON IMPORTANCE. — SON ORIGINE ET LES CIRCONSTANCES QUI EN

ONT AMENÉ LE DÉPÔT EN CET ENDROIT. — LA DATE DE CE DÉPÔT.

Dans le courant de l'année 1894, un habitant de Beaujeu, nommé Mailley, avait établi devant sa maison, sur le rebord de sa fosse à fumier, un petit creux de $0^m60$ à $0^m75$ centimètres de diamètre, de $0^m20$ à $0^m25$ centimètres de profondeur, et destiné à baigner de jeunes canards (1).

Au mois d'août, l'eau étant souillée, il la fit enlever par son fils qui la jetait sur le fumier voisin. Le jeune homme se servait d'une petite pelle en bois, avec laquelle il raclait le fond du trou. Arrivé à la fin de son travail, il s'aperçut qu'avec la boue il jetait des espèces de rondelles de deux à trois centimètres, d'une couleur brunâtre.

Il n'y fit d'abord pour ainsi-dire pas attention ; puis enfin, intrigué par leur nombre, il les recueillit dans un panier, les

---

(1) Chose curieuse, le fond de ce petit creux était bien au-dessus du niveau de la fosse à fumier, de sorte que lorsqu'on a creusé cette fosse, si on lui avait donné un mètre de plus à l'Est, on aurait mis les pièces au jour inévitablement.

lava à la fontaine ; mais néanmoins ne comprit pas tout de suite l'importance de sa trouvaille, car il en distribua à ses camarades une certaine quantité.

Il faut dire que ces pièces, qui ont en moyenne $0,027^m$ de diamètre, soit presque les dimensions d'une pièce de dix centimes, ne pèsent que 3 grammes 50, c'est-à-dire guère plus d'une pièce d'or de dix francs ; de sorte qu'elles donnent à la main la sensation de rondelles de carton. De plus, elles étaient recouvertes d'un enduit dur, très adhérent, ayant même collé quelques pièces ensemble, et ayant absolument la couleur et l'aspect de la rouille de fer.

Un nettoyage plus complet fit bientôt soupçonner la vérité, et reconnaître enfin que les rondelles étaient des pièces d'or.

Ces pièces remises à M. E. ANDRÉ, ancien notaire à Gray, ont été étudiées et cataloguées par lui, et son travail a été inséré dans l'*Annuaire de la Société française de numismatique, 1894.*

Comme l'a très bien fait remarquer M. ANDRÉ, ces pièces doivent avoir été enfouies entre 1440 et 1460. En effet, on y trouve des florins de Frédéric V, d'Autriche, élu empereur d'Allemagne en 1440 ; et, d'autre part, il n'y a aucune monnaie de Louis XI roi de France, monté sur le trône le 21 juillet 1461.

Pour mon compte, j'estime que cette période est trop grande, et que la date de 1460 doit être ramenée à 1450 ; car Louis de Bavière, comte Palatin du Rhin est mort en cette année 1450, et il n'y a aucune pièce de son successeur, tandis qu'il y en a un certain nombre de lui.

La découverte de ce trésor soulève plusieurs questions d'une importance variable, mais qui toutes présentent cependant un certain intérêt pour l'histoire locale.

Je vais les poser dans leur ordre. J'essayerai ensuite de les résoudre au moyen des renseignements que j'ai pu recueillir.

I. L'endroit choisi offre-t-il quelque particularité ?

II. Quelle était la disposition des lieux, au moment où le trésor y a été caché ?

III. A quelle profondeur les pièces ont-elles été trouvées ? Quelles précautions avaient été prises ? Étaient-elles dans un vase de terre ou de métal, etc ?

IV A quelle profondeur le trou avait-il été creusé primitivement ?

V. Quelle était la nature de ces pièces ? Quelle était leur origine ? Quel était leur nombre ?

VI. Quelle était leur valeur, et par suite quelle était l'importance de la somme cachée ?

VII. La composition et l'importance de la somme peuvent-elles fournir quelques indications pour découvrir l'auteur de la cachette ?

VIII. Était-ce un trésor de guerre ? Avait-il été confié à la terre par un habitant de Beaujeu, paysan, bourgeois, seigneur ?

IX. Peut-on admettre que la somme appartenait à des juifs, à des lombards, à un marchand étranger, à un condottière, à un ami, à un ennemi ?

X. A quelles circonstances, à quel fait, et par suite à quelle date coïncide le dépôt en cet endroit ?

## I. — L'ENDROIT CHOISI OFFRE-T-IL QUELQUE PARTICULARITÉ ?

Avant de commencer la discussion des faits, je crois nécessaire de décrire l'emplacement où a été trouvé le trésor. Je donnerai ensuite, d'après des documents authentiques, un état des lieux au XVᵉ siècle, tels qu'ils étaient par conséquent lorsque le trésor y a été caché.

Quand on a traversé la plus grande partie du village de Beaujeu, en suivant le chemin de grande communication de Gray à Vesoul, on arrive à une place ornée d'une fontaine. A gauche se détache une rue qui se dirige vers la tour : à droite se voit le chemin qui conduit à Igny (1), à travers la forêt de Belle-vaivre.

Ce chemin, après un parcours d'environ deux cents mètres, se trouve très encaissé et en contrebas des champs voisins, avant d'arriver à la chapelle de Sainte Anne.

L'entrée du chemin d'Igny est bordée à gauche par des jardins qui ont remplacé une mare appelée *Le-Fossé*, et comblée il y a environ cinquante ans. A droite, existe un pâté de maisons ayant la forme d'un carré irrégulier, dont le côté nord est formé par la rue ou route de Vesoul. Le chemin d'Igny constitue le

---

(1) Igny, canton de Gray (Haute-Saône). Son territoire est séparé de celui de Beaujeu par la forêt de Bellevaivre.

côté est : les deux côtés sud et ouest, ayant le premier 26 le second 41 mètres, sont deux treiges (1) ou passages montant l'un de la rue, l'autre du chemin d'Igny, et se réunissant à angle droit ou à peu près, dans un point plus élevé que la rue et le chemin d'Igny. C'est justement à cet angle qu'avait été creusé le trou, et pour ainsi-dire dans le milieu de la ruelle.

## II. — Quelle était la disposition des lieux au moment ou le Trésor y a été caché ?

Au XV<sup>e</sup> siècle, Beaujeu appartenait aux seigneurs de Ray (2). Dans le dénombrement donné le 18 mars 1428 (3), par Bernard de Ray, seigneur dudit lieu et de Beaujeu, il est dit que *Beaujeu était un bourg entouré de murailles et de fossés* (4). Il avait à peu près la forme d'un croissant, embrassant dans sa concavité le pied de l'éminence sur laquelle était construit le château, dont le donjon existe encore aujourd'hui.

Les deux pointes de ce croissant étaient dirigées, l'une à l'est et l'autre au nord-ouest. A l'extrémité de cette dernière se trouvait le moutier ou église.

En dehors de la pointe tournée à l'est, existait une motte entourée de fossés profonds. C'était l'emplacement d'une ancienne maison forte, détruite pendant les guerres du XIV<sup>e</sup> siècle, et qui n'avait pas été rebâtie.

Les fossés étaient remplis par une source voisine, et par les eaux des versants situés à l'est et au nord.

Ce sont les eaux de ces versants qui servent aujourd'hui à alimenter les fontaines de Beaujeu, coulant jour et nuit sans interruption.

Cette abondance avait été utilisée pour faire de ces fossés un vivier où on nourrissait du poisson.

---

(1) A Beaujeu, dans la partie qui correspond à l'ancien bourg, les treiges, ruelles, passages, culs-de-sac sont très nombreux. Ils séparaient les anciens meix, et permettaient d'aller dans les curtils ou vergers, ou de gagner les vignes, sans faire de détour par ce qu'on appelait alors la voie commune.

(2) Ray-sur-Saône, canton de Dampierre-sur-Salon, arrondissement de Gray (Haute-Saône), a donné son nom à une famille illustre entre toutes dans le comté de Bourgogne.

(3) Archives du Doubs, B. 634.

(4) La route a été établie sur l'emplacement des remparts et du fossé. Celui-ci existe encore, mais rétréci et couvert de dalles. Il sert à l'écoulement des eaux.

Dans le dénombrement de 1428, les restes de l'ancienne mai-son forte sont ainsi désignés : « Item au-dessus de la ville dudit « Beljeu, une place là ou il soulait avoir une motte close de fos- « sez laquelle motte est à présent en un sauvoir (1) à mettre « poisson et contient ung journal de terre, et sied entre le che- « min qui va à Igny d'une part, et le chemin qui va dès ledit « Beljeu à Mercey (2) d'autre part, et d'un autre côté la corvée « dite la corvée au moyne ».

Du même côté, et après la mare, en suivant le chemin d'Igny, on trouvait « les meix (3) et maison de Gérard Jaquin, séant en « ladite ville de Beljeu entre le chemin qui va de Beljeu à Igny « d'une part et Viennot dit Guyot Bourgeois (4) de l'autre.

Venaient ensuite au même Gérard Jaquin, et à côté de sa maison « quatre ouvrées de vigne entre ledit chemin d'Igny « d'une part et ledit Viennot Guiot Bourgeois de l'autre ».

Puis on rencontrait « la corvée au moine appartenant audit « seigneur, et aboutissant sur ledit chemin d'Igny ».

De l'autre côté du chemin, à peu près en face de sa maison, Gérard Jaquin avait « une autre petite maison appelée le « *meix* (5), située *entre la ruotte* (6) qui va chez Jean Badet « d'une part et Marguerite sa sœur, d'autre part ».

*Entre la ruotte et l'entrée du chemin d'Igny*, en face le *sauvoir*, ÉTAIENT DES VERGERS appartenant « à Girart Grand Belin » et autres.

### III.— A QUELLE PROFONDEUR LES PIÈCES ONT-ELLES ÉTÉ TROUVÉES ?

#### QUELLES PRÉCAUTIONS AVAIENT ÉTÉ PRISES ?...

On a vu que ces pièces avaient été rencontrées à moins de trente centimètres de profondeur. Une chose non moins curieuse,

---

(1) Sauvoir vient du mot latin *salvare* : conserver.

(2) Mercey, à 5 kil. de Beaujeu, sur le bord de la Saône, est comme Beaujeu, du canton de Fresne-Saint-Mamès.

(3) Le meix comprenait ordinairement la maison et ses dépendances, cour, curtil, jardin, terres et vignes. Mais il sert plutôt à désigner les terres. On dit « les *meix et maison* ». On trouve souvent l'expression : un peu de meix.

(4) La maison de Viennot Guiot n'était pas sur le chemin: on y arrivait par une ruelle.

(5) Cette partie du territoire s'appelle encore aujourd'hui : en meix.

(6) Cette *ruotte* doit être le *sentier des meix* actuel : il est plus au sud que le treige qui va du chemin d'Igny au trou du trésor.

c'est qu'elles étaient simplement déposées dans la terre, probablement dans un sac de cuir ou d'étoffe, mais non renfermées dans un vase de terre ou de métal, comme cela se voit ordinairement, ou dans une petite excavation murée et recouverte d'une pierre plus large.

De cette absence de profondeur et de précautions, on peut de suite tirer la conclusion que le propriétaire *n'avait à sa disposition ni le temps ni les instruments nécessaires ; qu'il avait dû être pris à l'improviste et faire son travail à la hâte.*

### IV. — A QUELLE PROFONDEUR LE TROU AVAIT-IL ÉTÉ CREUSÉ PRIMITIVEMENT ?

En rase campagne, où la surface du sol n'aurait pas eu à subir de modifications, la réponse serait des plus faciles. Mais ici, on est à 2 m. 20 d'une maison, au milieu d'un treige, dans un terrain en pente, qui a pu être abaissé ou aplani pour la commodité de l'habitation. Néanmoins, après avoir examiné minutieusement les lieux, étudié la nature du sol, on arrive à une conviction parfaite.

Le sol, dans les jardins voisins, se compose d'une couche de terre végétale de $0^m30$ à $0^m40$, quelquefois $0^m50$ d'épaisseur, reposant sur une argile compacte. Je n'étonnerai personne, en disant qu'après la découverte du trésor, le propriétaire a fouillé l'endroit dans un rayon assez étendu. Or, il résulte clairement de ses recherches, que le trésor reposait à la surface de la glaise, et qu'on n'avait creusé que la terre végétale. *Nouvelle preuve que le travail avait été fait dans des circonstances toutes particulières de précipitation, et pour ainsi dire sans un instrument convenable.*

### V. — QUELLE ÉTAIT LA NATURE DE CES PIÈCES ? QUELLE ÉTAIT LEUR ORIGINE ? QUEL ÉTAIT LEUR NOMBRE ?

Il est à remarquer que toutes les pièces étaient en or ; il n'y avait ni jetons d'argent, ni monnaie de bronze. C'était donc une somme présentant à dessein le plus petit volume possible, pour être transportée plus facilement.

Pour leur origine et leur nombre, on ne peut mieux faire que de reproduire le travail de M. André qui a divisé ces pièces en : Françaises, Anglo-Françaises, Féodales de France et des Pays-Bas, Allemandes, Italiennes.

### A. — Françaises

Elles comprennent :

| | |
|---|---|
| Francs à cheval de Jean-le-Bon... | 2 |
| Francs à pied de Charles V...... | 5 |
| Franc à cheval de Charles V .... | 1 |
| Ecus d'or de Charles VI ........ | 42 |
| Ecus à la couronne de Charles VII | 52 |
| Royaux d'or de Charles VII...... | 4 |
| Ecus d'or de Charles VII frappés par le duc de Bourgogne...... | 7 |

### B. — Anglo-Françaises

| | |
|---|---|
| Nobles d'Angleterre de Henri V... | 2 |
| Demi-noble              id ........ | 1 |
| Saluts de Henri VI .............. | 154 |

### C. — Féodales de France

| | |
|---|---|
| Raymond IV, prince d'Orange (1340-1393) ...................... | 1 |
| Etienne de la Garde, archevêque d'Arles (1) (1351-1359) ........ | 1 |
| Philippe-le-Bon, duc de Bourgogne, (1419-1467) un certain nombre de pièces frappées pour ses divers Etats : .................... | |
| Bourgogne................... | 20 |
| Flandre..................... | 36 |
| Hainaut .................... | 11 |
| Brabant .................... | 11 |
| Hollande ................... | 15 |
| Luxembourg ................ | 2 |

### D. — Allemandes (FLORINS)

| | |
|---|---|
| Sigismond, empereur d'Allemagne (1411-1438)............... ... | 41 |
| A reporter.... | 408 |

| | |
|---|---|
| Report.... | 408 |
| Albert II d'Autriche, empereur d'Allemagne (1438-1440) ...... | 5 |
| Frédéric V, empereur d'Allemagne (1440-1493)................. | 6 |
| Louis IV de Bavière, comte Palatin du Rhin (1436-1449) .......... | 20 |
| Thierry II de Meurs, archevêque de Cologne (1414-1463)........ | 39 |
| Jean II de Nassau, archevêque de Mayence (1397-1419).......... | 2 |
| Conrad III, archevêque de Mayence (1419-1434)............... | 13 |
| Thierry d'Erbach, archevêque de Mayence (1434-1459).......... | 2 |
| Werner de Falkeinstein, archevêque de Trèves (1388-1418)..... | 6 |
| Otto de Ziegenhain, archevêque de Trèves (1418-1430) ........... | 1 |

### E. — Italie

| | |
|---|---|
| André Contarini, doge de Venise (1367-1382) (*sequin*) .......... | 1 |
| Thomas Campofregoso, doge de Gênes (1436-1443) (*ducat*)..... | 1 |
| Philippe Marie, duc de Milan (1412-1450) (*ducat*).......... | 2 |
| Total........ | 506 |
| Il faut ajouter une centaine de pièces, cédées, données, vendues au moment de la trouvaille, soit.. | 100 |
| Total général .... | 606 |

---

(1) Après la bataille de Saint-Jacques, dont il sera parlé plus loin, la ville de Bâle, craignant la colère du Dauphin, avait envoyé deux Cordeliers implorer sa clémence. Mais en même temps le Concile, réuni dans cette ville, avait chargé quelques-uns de ses membres d'aller à Altkirck, en députation auprès du prince français, et le cardinal archevêque d'Arles, Louis Alemani avait été désigné pour porter la parole. ( Voir TUETEY : LES ÉCORCHEURS SOUS CHARLES VII, T. 1, p. 240). Il avait pu emporter à Bâle de la monnaie de ses prédécesseurs.

## VI. — Quelle était la valeur de ces pièces ?

Pour la simplicité et l'intelligence du sujet, il ne sera sans doute pas superflu de donner quelques renseignements (1) sur les monnaies du Moyen-Age, et les pièces ayant cours au XVe siècle, et dont la plupart se trouvaient représentées dans la collection de Beaujeu.

La monnaie la plus généralement employée alors, était celle de Tours ou *tournois*. C'était la plus faible (2) : elle valait un cinquième en moins que celle de Paris, et trois cinquièmes en moins que celle de Dijon ; de sorte que la livre tournois de 20 sols représentait seulement 16 sols parisis, et 13 sols 4 deniers dijonnais.

On comptait par *livre* ou par *franc*, selon les lieux. Ces deux mots étaient quelquefois employés indistinctement l'un pour l'autre : mais le franc servait plus spécialement à désigner la monnaie de Paris, et la livre avait continué à être en usage dans les diverses provinces.

Le franc se divisait en 20 sous ; le sou en douze deniers ; le denier en deux mailles (3) ou oboles ; la maille en deux pites. Cinq deniers constituaient le petit *blanc* (4), et dix deniers le grand *blanc*. La livre valait douze *gros*, et le gros vingt deniers : de sorte que le demi-gros équivalait au grand blanc, et le quart de gros au petit blanc.

La Bourgogne avait une monnaie spéciale, l'*engrogne*, dont douze égalaient un gros. Il en résultait que dans cette province

---

(1) Consulter l'ouvrage de Dupré de St-Maur, maître des Comptes, publié chez Didot jeune en MDCCLXII, avec approbation et privilège du roi, mais sans nom d'auteur. Il était intitulé : *Recherches sur la valeur des monnaies et sur le prix des grains, avant et après le Concile de Francfort.*

(2) En Franche-Comté, on se servait plus particulièrement de la monnaie *estevenant*, frappée par les archevêques de Besançon, et ainsi appelée du nom de Saint Etienne, patron d'une des cathédrales. Le droit de battre monnaie avait été donné aux archevêques par Charles-le-Chauve. Il fut confirmé par Guillaume, *roi des Romains*, en 1250, et par Sigismond, empereur, en 1423, *à charge que la monnaie serait du même aloi que celle des autres princes de l'empire.* La livre estevenant ne valait que 14 sols 10 deniers tournois (Dunod. *Histoire de l'Eglise*: t. I, p. 81, 82).

(3) De là l'expression : Ni sou ni maille.

(4) Le grand blanc pesait 24 grains, *dont 16 d'argent et 8 de cuivre*, soit 2/3 d'argent et 1/3 de cuivre. C'était aussi la proportion de l'alliage pour le gros, qui n'était que le double du grand blanc et pesait 48 grains, soit 2 grammes 55. (*Recherches sur les monnaies*, p. 212-213).

fonctionnait pour ainsi-dire le système *duodécimal* : la livre se divisant en douze gros, le gros en douze engrognes, comme le sou en douze deniers.

On avait fini par comprendre la nécessité d'une entente, et on comptait généralement en deniers, sous et livre tournois.

La valeur des différentes pièces, écus, saluts, florins était ramenée au *gros* et aux *deniers*, lesquels étaient convertis en francs de Paris ou livres tournois, selon le cas, mais plus ordinairement en livres tournois.

**
***

Les Romains nous avaient laissé comme type de la pièce de monnaie le Sou, *solidus*. Il y avait surtout le sou d'or.

Au Moyen-Age on adopta le mot DENIER, qui avait aussi une origine ancienne. Il servait à désigner les pièces d'or, d'argent et de cuivre (1). L'ordonnance du roi Jean-le-Bon du 30 décembre 1355 (T. 3, p. 37), dit : « Voulons que l'on fasse *denier* d'or à « l'aignel (2) qui seront de 52 de poids au marc de Paris, et « auront cours pour *20 sols parisis* (3) la pièce, en donnant à « tous changeurs et marchands fréquentant nos dites mon- « naies, pour chaque marc d'or fin qu'ils apporteront, 50 « d'iceulx deniers d'or à l'aignel ».

La même ordonnance donnait l'ordre que « l'on fasse mon- « naie *blanche* et *noire*, sur lequel pied l'on fasse *deniers* « blancs qui seront *à 8 deniers de loi argent* le Roi, et auront « cours pour 10 deniers tournois (4) la pièce ».

**
***

---

(1) Après avoir été une monnaie d'or, le denier descendit, comme le sou, à un rôle plus modeste. Il représentait le douzième du sou. Il a laissé des souvenirs de son ancienne splendeur, car on dit encore : *payer de ses deniers : à beaux deniers comptant.*

(2) Ces deniers d'or à l'agnel pesaient 44 4/13 grains pièce, et contenaient 40 grains d'or fin : il y avait donc 4 grains 4/13 d'alliage. Ils approchaient par conséquent de 22 carats (ouv. cité, p. 214). Le denier à l'agnel ou *mouton d'or*, datait de Louis IX. Il devait son nom à un agneau soutenant une croix qui se trouvait sur la face, avec la légende :

AGN(US) : D(E)I : QUI : TOL(L)I(S) : PECA(TA) : MU(N)DI : MISERERE : NO(BIS) :

Le revers était exactement celui du franc à cheval de Jean-le-Bon avec :

XPC : VINCIT : XPC : REGNAT : XPC : IMPERAT.

(3) En 1357, après la bataille de Poitiers, il était monté à 30 sols tournois, ou 24 sols parisis (ib. p. 167).

(4) C'est le grand blanc dont il a été parlé plus haut et qui valait 10 deniers tournois ou 8 deniers le Roi ou parisis.

Le ROYAL D'OR, ainsi nommé parce qu'il représentait le Roi avec la couronne, le sceptre et le manteau, existait à la même époque que le denier à l'agnel. Comme lui, il valait 20 sols parisis ou 25 sous tournois.

Un ancien manuscrit cité par Du CANGE au mot *marca*, rapporte « que depuis le dernier du mois d'août 1358 jusqu'au 20 « avril 1359, on faisait des royaux d'or fin, courant pour 25 « sols tournois, de 66 au marc d'or ; et du 20 avril jusqu'au 2 « juin 1359, il se fabriquait des royaux d'or fin, courant pour « 25 sols tournois, de 69 au marc, ou du poids de 66 54/69 de grains (3 grammes 50 ». Ce qui prouve avec quelle facilité on modifiait le poids des monnaies, *sans en changer la valeur.*

On a aussi des royaux d'or de Charles VI et de Charles VII.

*<sub></sub>*

Le mot FRANC se rencontre dans les comptes dès le XII^e siècle. Il signifie tantôt 20 sols tournois, tantôt 20 sols parisis, c'est-à-dire 25 sols tournois ; mais il valut jusqu'à 30 sols selon les provinces.

« La coutume d'Orléans, rédigée en 1583, parle de franc ro- « chelois à 30 sols tournois. Par lettres patentes du 10 avril 1361, « confirmées par l'ordonnance des généraux des monnaies, du « 16 avril suivant, ces grands francs étaient de 42 au marc, « tandis que les *francs d'or* ordinaires étaient de 63 au marc, « et se fabriquaient *pour 20 sols tournois. (Recherches sur les* « *monnaies*, p. 371).

Le franc d'or était dit franc à pied, ou franc à cheval, selon qu'il représentait le roi à cheval, ou simplement debout avec le sceptre et la couronne.

Il avait d'abord la même valeur que le denier à l'agnel, ou mouton d'or, et subit comme lui des variations ; mais il finit par devenir une unité de compte, et ne plus servir que pour désigner invariablement 20 sols.

*<sub></sub>*

Il céda alors la place, dans la monnaie courante, à l'ÉCU, ainsi appelé parce qu'il porte un écusson chargé de fleurs de lys, qui représente les armes de France, et qui est en relief sur la face de la pièce. On a des écus d'or de Saint-Louis.

Il y avait le double écu et le demi écu.

Comme les autres pièces, l'écu commença par valoir 20 sols. Les besoins du trésor, plus encore que les caprices du roi, amenant le rehaussement des monnaies, l'écu arriva à 22 sols 6 deniers ou 18 sols parisis, puis à 25 sols tournois et même jusqu'à 30 sols.

« Une ordonnance de Charles VI, du 20 janvier 1416, avait « fixé les écus couronne à 22 sols six deniers. Une autre ordon- « nance du même roi, rendue le 7 mars 1418, porta le cours à « 30 sols tournois (Ib. p. 238) ».

Les circonstances lui donnaient quelquefois une valeur plus grande encore. Un passage du journal de Charles VI (1) dit : « Un écu d'or de 18 sols parisis (22 sols 6 deniers tournois) va- « lait quatre francs et plus ; un bon noble d'Angleterre huit « francs (2) ». C'était pendant la disette de 1420-1421, qui accompagnait la lutte entre le dauphin Charles VII et son beau-frère Henri V d'Angleterre.

*<br>* *

Les Nobles (3) et Demi-nobles d'Angleterre ont été émis par Henri V roi d'Angleterre. Ils portent les armes de France et d'Angleterre, parce que ce prince avait épousé Catherine de France, fille de Charles VI, et que, par son contrat (4), on lui avait promis la succession à la couronnne de France, après la mort du roi. Henri V mourut à Vincennes le 31 août 1422, pré-

---

(1) Michaud, *collection des Mémoires pour servir à l'Histoire de France*, t. II. *Journal d'un Bourgeois de Paris, sous le règne de Charles VI*, p. 665, col. 1.

(2) Le noble était le double du salut ; si le noble valait 8 francs et l'écu 4, il en résulte que l'écu et le salut avaient la même valeur. On pourra s'en convaincre plus loin.

(3) Le noble existait déjà sous Edouard III, 1327-1377 ; et la Guyenne, alors province anglaise, avait le *noble Guienois*, qui représentait 25 sols (*Recherches sur les monnaies*, p. 104, 105).

(4) Ce contrat fut signé à Troyes le 21 mai 1420. La reine Isabeau de Bavière oubliant ses devoirs de reine et de mère, déshéritait son fils Charles VII. Le duc de Bourgogne Philippe-le-Bon, dont le père Jean-sans-Peur avait été assassiné le 10 septembre 1419, par les gens du Dauphin, y apposa sa signature.

cédant son beau-père dans la tombe. Il laissait un enfant de huit mois, qui fut proclamé roi de France et d'Angleterre, sous le nom de Henri VI.

***

C'est sous Henri VI que furent frappés les Saluts du trésor de Beaujeu.

Le roi de France, Charles VI, en 1421 et 1422, avait fait frapper des saluts d'or et des demi-saluts, au cours de 25 sous et 12 sous 6 deniers. Ce sont des pièces dont la face porte au bas les armes de France : au-dessus, se voit l'ange Gabriel annonçant à Marie qu'elle a été choisie pour porter dans ses flancs le Sauveur du monde. L'ange tient à la main une bandelette où est écrit le mot : AVE, qui signifie *salut*.

Les saluts de Henri VI sont la copie des saluts de Charles VI, avec cette différence, que sur la face, les armes de France *pleines* sont accolées à un écu écartelé de France et d'Angleterre, et qu'au revers, la fleur de lys de droite est remplacée par un léopard.

La légende de la face est :

HENRICUS : DEI : GRA : FRANCORV : & : A(N)GLIE : REX.

Au revers :

XRC * VINCIT * XRC * REGNAT * XRC * IMPERAT

Les premiers saluts d'Henri VI avaient été émis en 1422, pour vingt-deux sols : « Et avait le roi Henri fait forger monnaie « d'or que l'on nommait *salus*, et valait vingt-deux sols pour « un chascun salut, car elle était bonne pour son prix (1).

***

Les pièces de Philippe-le-Bon, duc de Bourgogne, furent faites peu avant la paix d'Arras, 1435. On les appelait des RIDERS, c'est-à-dire *chevaliers d'or*, parce qu'ils portaient sur la face un cavalier casqué et cuirassé, monté sur un cheval lancé au galop. Sur le revers se voient les armes de Bourgogne. Ces

---

(1) *Mémoires de* Pierre DE FENIN. Dans les *Mémoires pour servir à l'Histoire de France*, édit. MICHAUD, T. II, p. 617, col. 1. ( Pierre de Fenin était écuyer et pannetier de Charles VI, et prévôt d'Arras).

riders étaient d'abord plus faibles que les monnaies précéden-
tes, ce qui amena des troubles dans les Flandres, et à Gand, en
particulier (1).

Après la paix d'Arras, on remédia à cet état de choses, et le
titre de ces pièces fut modifié pour le rapprocher de la monnaie française, à cause de la reprise des relations.

Leur poids est de 3 grammes 50, exactement comme les
saluts, les francs à pied et à cheval, les écus d'or de Charles VI.
Cela n'avait pas été fait sans intention, et indiquerait déjà
qu'ils devaient avoir la même valeur.

*<sub>*</sub>*

Le FLORIN est aujourd'hui une monnaie d'argent employée
seulement en Autriche, dont il est l'unité monétaire, comme le
marck est l'unité monétaire allemande. Le florin d'Autriche
représente 2 fr. 45.

Les premiers florins étaient en or, et furent fabriqués à Florence, dans le XIII<sup>e</sup> siècle. Ils étaient marqués d'une fleur de
lys, *armes* primitives de la ville de Florence ; d'où le nom de
florin : de *fior*, *flor* qui veut dire fleur. Il ne faut donc pas
s'étonner, si quelques-uns des florins trouvés à Beaujeu portent
des fleurs de lys.

C'est sous le règne de Louis IX que furent frappés en France les premiers florins. Ils portent un écusson chargé de fleurs
de lys en nombre indéterminé, avec la légende :

LUDOVICUS : DEI : GRATIA : FRANCOR : REX

Au revers est une croix *cantonnée* de fleurs de lys et dont
chaque branche est terminée par une fleur de lys ; autour se
trouve l'inscription :

XRC * VINCIT * XRC * REGNAT * XRC * IMPERAT

qui se voit dans la plupart des monnaies du Moyen-Age.

Ces florins pesaient 76 grains, soit près de 4 grammes (2) ;

---

(1) GOLLUT : *Mémoires historiques de la République Séquanaise*, col. 1130 et note 3.
(2) C'est le poids des écus à la couronne de Charles VII.

ils étaient au titre de 23 carats 26/32, c'est-à-dire 992 millièmes d'or fin (1).

A cette époque, le mot *florin était employé indistinctement avec le mot denier*, pour désigner les monnaies d'or.

Les florins d'or subirent, comme toutes les autres monnaies, les variations qui signalèrent le règne de Jean-le-Bon, et qui furent si fréquentes, qu' « *à grant peine était homme qui, en* « *juste payement des monnaies, de jour en jour put s'y connai-* « *tre (2)* ».

La conséquence de ces variations fut la dépréciation de la monnaie royale, à laquelle on préférait les florins de Florence (3), dont le titre d'or n'avait pas été modifié.

A la fin du règne de Jean-le-Bon, le florin valait quinze sols : « Item à ma dite dame (Marguerite de Flandre comtesse de « Bourgogne) pour la dépense de son hostel si comme il appert « par lettre de Madame donnée le XX jour de décembre « M III LXIII, *faisant mencion que ce estoit sur la composition* « *des habitants de la ville de Gray* (4)......LX florins qui va- « lent XLV livres (*Arch. de la Côte-d'Or*, B. 1418, f⁰ 20. — (*Comptes de Nicolas Jolys de Gray, trésorier de Vesoul.*)

Le roi Charles V conserva le titre de la monnaie, tel qu'il avait été établi à la fin du règne de son père Jean-le-Bon, et alors qu'il était lui-même régent. Par une ordonnance de 1365, le cours des anciennes monnaies fut interdit, et elles furent remplacées par *les deniers d'or aux fleurs de lys* (5), au cours de 20 sols tournois la pièce, à la taille de 64 au marc, ce qui leur

---

(1) L'or pur était dit à 24 carats.
(2) LAROUSSE : V. Florin.
(3) Quand la comtesse Marguerite de Flandre voulut rembourser au comte de Montbéliard cinq mille florins qu'il lui avait prêtés pour le départ des grandes Compagnies, en 1366, « ledit comte ne vot onque panre nuls francs fuer que florins de Florence viels ». (Arch. de la Côte-d'Or, B. : 1432, f⁰ 11 ; *Compte de Jean* DE BONAI, *trésorier de Dole.*
(4) Les habitants de la ville de Gray avaient ouvert leurs portes à Jean de Bourgogne, après le décès du petit duc Philippe de Bourgogne, et de ce fait avaient encouru une amende de quatre mille florins : « des habitants de Gray par la main « de Jaquot Gauthiot et de Jacquot Roubot eschevins dudit lieu, sur ce qu'ils doivent « encore de IIIIᵐ florins, à quoy ils composèrent parce qu'ils mirent Jehan de Bour- « gogne à Gray, après le trépassement de M. le duc Philippe, cui Dieu perdoint « (pardonne), en CL florins CXIIˡⁱᵇ X s. » (*Arch. de la Côte-d'Or*, B. 1431, f⁰ XVᵛᵒ *Comptes de l'Est. Vurry de Dole, trésorier de la Comté).*
(5) « Du 5 mai 1365 au 30 août 1368 furent faits des deniers aux fleurs de lys, du poids de 64 au marc et au cours de 20 sols tournois » (DU CANGE, T. IV, v. *Marca*).

donne un poids de 3 grammes 824 milligrammes d'or fin, et la valeur des anciens florins.

Le florin fut conservé dans les autres pays. A Venise, il prit le nom de ducat ou de sequin. Mais, dès la fin du XIV<sup>e</sup> siècle, il y avait plusieurs espèces de florins, dont le poids variait de plus d'un dixième. En Allemagne, ce fut le florin de *petit poids* qui prévalut.

Maintenant que l'on connaît les différentes pièces, il y a lieu de s'occuper de leur valeur. Ce sera facile à établir.

Oubliant que les caprices de nos rois, ou mieux les besoins du Trésor, amenaient quelquefois des changements dans la valeur des monnaies, on a pu souvent tomber dans l'erreur. Pour l'éviter, il n'y a qu'à prendre des documents contemporains, surtout les comptes des receveurs, qui étaient tenus avec un soin extraordinaire et un ordre parfait, sous la surveillance des Chambres des Comptes.

Je pourrais citer un grand nombre de documents, mais je me bornerai à quelques-uns qui offrent toute garantie, et ont autant de clarté que de simplicité.

Le premier est tiré du registre de protocoles de M<sup>e</sup> Jehan de Champlucy, notaire à Mirebeau (1). C'est un reçu donné en 1432, par Jehan de Bauffremont (2), seigneur de Mirebeau, aux frères mineurs de Gray, pour une somme de 738 francs en monnaies diverses, qui leur avait été confiée (3). On y trouve le détail et la valeur des pièces.

Il y avait « 365 *saluts*, chascun en la valeur de *seize gros demi*; « quatorze *nobles* d'Angleterre, chascun en la somme de *trente-* « *trois gros*; *douze angelots* (4), chascun en valeur de *onze gros*;

---

(1) Mirebeau, chef-lieu de canton, arrondissement de Dijon (Côte-d'Or). La seigneurie appartenait aux Vergy dès l'an 1200. Elle passa aux Bauffremont par le mariage de Jeanne de Vergy avec Henri de Bauffremont.

(2) Jean de Bauffremont, seigneur de Mirebeau, était le frère de Guillaume, seigneur de Scey-sur-Saône dont il sera parlé plus loin. Ils étaient fils de Henri de Bauffremont, baron et seigneur de Scey-sur-Saône et de Jeanne de Vergy.

(3) Voir aux preuves n° 1. Cette quittance est des plus intéressantes. Elle fait connaître la valeur du *salut*, du *noble*, de *l'angelot*, du *florin*; et elle montre en même temps quelle complication existait dans les comptes, et par suite quelle chance d'erreur on avait avec cette multiplicité de monnaies.

(4) *L'angelot* était une monnaie de Philippe VI (1328-1350), représentant l'archange Saint Michel terrassant le dragon de sa main droite, et soutenant de sa main gauche un écusson portant trois fleurs de lys. *Trois angelots équivalaient à deux saluts*. Il en fut émis sous Charles VII, en 1427. (Du CANGE : V. *Marca*).

« quatre-vingt-trois *florins d'or*, chascun en la valeur de *treize*
« *gros demi* ; quatre-vingt-quatorze francs en grands *blancs* (1),
« vingt deniers monnaie ».

J'aurais pu, à la rigueur, déterminer de la même façon le cours des francs à pied, des francs à cheval et des royaux d'or, mais il m'a paru plus intéressant d'y arriver par une autre méthode. Dans tous les cas, les spécimens de ces pièces ne dépassant pas une douzaine, une erreur n'aurait pas eu de conséquences bien graves.

Pour résoudre le problème, je me suis servi du *titre* des monnaies en question.

Le *titre* est la proportion du métal fin, or ou argent, à l'alliage. Quand l'or est employé pur ou presque pur, le titre est dit à 24 carats (2), *avec tolérance d'un huitième de carat, puis d'un quart.*

Le titre des monnaies d'or du XIVe et du XVe siècles a varié de 18 à 24 carats ; mais le plus souvent il était à 22, et un grand nombre de *frappes* ont été faites à 24 carats (3). A la fin du règne de Jean-le-Bon, après la bataille de Poitiers (1356), le titre a été de 18 à 20 carats ; mais Charles V s'est empressé de rétablir le titre à 22 et 24 carats, comme auparavant.

---

(1) Le grand blanc représentait dix deniers ; pour les quatre-vingt-quatorze francs, il y avait donc *deux mille deux cent cinquante-six pièces*. Et comme le grand blanc pesait vingt-quatre grains, c'est-à-dire 1 gramme 272 milligrammes, cela formait un poids de *2 kilogs 869 grammes*.

Le blanc renfermait 8 grains d'argent et 16 d'alliage ; c'était encore *de la monnaie blanche (Ouv. cité*, p. 230). La monnaie *noire* était beaucoup plus lourde: « Tantost « après le roi Henri fit forgier petite monnoie que l'on nommait *double* et valoit « *trois mailles* ; mais en commun langaige on les nommoit *niques (niquetz)*. Et « quand aulcun avait pour cent francs, c'estoit la charge d'un homme ». (*Collection Michaud:* MÉMOIRES de PIERRE FÉNIN, p. 616, col. 2).

Quand on avait quelques centaines de francs, on ne pouvait se passer d'un cheval. Deux chevaux étaient nécessaires pour transporter mille francs. Quinze cents francs demandaient trois chevaux. Le 17 janvier 1410 on envoyait de Salins à Vellexon, 1.500 francs, produit de la vente de sel. « Pour les despens de Guion Monget et « Jehan Canynot accompagnés de III sergens à cheval quils le XVII jour de « Janvier M IIII et IX (v. s.), se partirent dudit Salins, et avec eulx amenèrent *III* « *mulez*, lesquels portoient *XVc francs* que Jehan Carondelet avoit receus à Salins « de la vendue du sel..... pour les convertir au paiement des gens d'armes estans « audit lieu..... » (*Arch. de la Côte-d'Or*, B. 11.877, fo 65, v. 2).

(2) Le carat se divisait, dans les provinces Rhénales, en 4 grains: En Flandres et en Allemagne, en 12 grains ; en France, on admettait des trente-deuxièmes de carat.

(3) Voir NATALIS DE WAILLY: *Mémoires sur les variations de la livre Tournois.* Paris, imprimerie impériale, 1857.

Dans ce cas, les monnaies étaient *décriées*, et les personnes qui les avaient devaient les apporter *à la forge* pour être refondues.

Sous Charles VI, c'était le cours qui était changé *par décret* : la valeur de l'écu était augmentée et portée de 20 à 22, et même à 30 sols (Ordonnance de Charles VI du 7 mars 1418. Voir page 20, note 1).

A son avènement, Charles VII ramena l'écu à 27 sols et un demi ; mais jusqu'à la paix d'Arras (1435), la proportion d'or fin alla pour ainsi-dire en diminuant dans ses écus d'or. En 1429, au moment du siège d'Orléans et de la venue de Jeanne d'Arc, le titre de ces pièces tomba au-dessous de 16 carats (1), ce qui prouvait un tiers d'alliage.

Je n'ignorais pas les variations fréquentes, qui se sont produites maintes fois, à moins d'un an d'intervalle (2), pour le même type de monnaie. Je savais qu'il fallait pour ainsi-dire connaître la date exacte, *mois et année*, de la frappe, pour déterminer le titre vrai.

Mais j'avais vu que « dans les évaluations des monnaies « *décriées* en France, en Angleterre, en Allemagne, en Italie, en « Flandre, on ne trouve qu'une seule sorte de Francs, de « Royaux, d'Ecus à la couronne, etc., quoique suivant les « Ordonnances de fabrication, il paraisse que leur poids et leur « titre aient changé fort souvent » (*Ouv. cité*, p. 206). De plus, en vérifiant le *titre* des monnaies dont je cherchais à déterminer la valeur, je m'étais aperçu que ce *titre* n'avait pour ainsi-dire pas varié. Ainsi le salut a été toujours frappé à 24 carats. Les francs de 1361 (3) à 1384 présentent la même pureté, et on la retrouve encore dans les francs à cheval de 1424, etc.

---

(1) C'est le titre le plus bas auquel soit descendu la monnaie française. L'explication en est sans doute dans le besoin de créer des ressources pour pousser plus activement les hostilités contre les Anglais.

(2) Ces variations ne devaient pas toujours tenir à un simple caprice, mais bien souvent à la qualité de l'or que l'on se procurait et qui était employé tel quel. Il arrivait aussi aux maîtres de la monnaie de dépasser la limite légale fixée dans les Ordonnances. (V. N. DE WAILLY, p. 182 : Lettre de rémission accordée par Charles V, le 11 décembre 1374, à Adam de la Fère, maître de la monnaie de Saint-Quentin, qui avait porté l'alliage à 1 carat 5/8 *au-delà du quart de carat, qui était la tolérance légale*).

(3) « En 1361, on avait fabriqué des grands francs de trente sols tournois, et de 42 au marc. Ils étaient au titre de 23 carats » (*Ouv. cité*, p. 37).

Comme le poids de ces trois types est exactement le même, leur valeur peut être considérée comme identique ; et les francs seront comptés pour 16 gros et demi, comme les saluts.

Les royaux d'or sont aussi le plus souvent à 24 carats ; (1326, 1358, 1361, 1429, 1433). Ils avaient donc le même titre que les saluts, les francs à pied, et les francs à cheval. Mais ceux que j'ai à apprécier sont de Charles VII, et de plus il en est qui atteignent 3 grammes 70, au lieu des 3 grammes 50 centigrammes, qui étaient le poids des royaux d'or de 1358 à 1359 (*voir plus haut*). Cela tient, sans aucun doute, à un peu plus d'alliage, et on cherchait par l'augmentation du poids à compenser la diminution du titre (1). Et dans ce cas, de même qu'on admettait une tolérance dans l'alliage, de même on accordait un *remède* de poids, qui pouvait ainsi aller jusqu'à 4 ou 5 grains, soit 0,20 à 25 centigrammes (2), quand le titre baissait.

De sorte que les quatre royaux d'or seront aussi estimés à seize gros et un demi.

*<sub>*</sub>*

Il reste à trouver la valeur de l'écu d'or, et à vérifier celle du gros qui servira à réduire en francs celle des pièces, et à terminer ainsi l'opération. Cette valeur du gros et de l'écu va nous être fournie par le compte, pour 1444-1445 (3), de Jean de Visen, receveur général des finances de Bourgogne, compte qui correspond certainement à l'année où le trésor a été apporté à Beaujeu. Aussi lui demanderai-je en même temps des renseignements sur la livre tournois et le salut.

« f° 1ᵉʳ. A Jehan Gougenot chevaulcheur, le II jour d'octo-
« bre pour cinq journées qui au feur de VI gros par jour
« font la somme de II franc 1/2 ». Cinq jours à 6 gros par jour

---

(1) « Un peu plus d'alliage, qui n'est compté pour rien dans la monnaie, leur faisait quelquefois excéder le poids » (*ouv. cité*, p. 144) « Le poids diminuait quelquefois lorsque le titre était plus fort ; il augmentait à proportion lorsque le titre était plus faible ». (*Ib.*, p. 207).

(2) On retrouvera la même variation de poids dans les écus à la couronne de Charles VII.

(3) *Arch. de la Côte-d'Or*, B. 1693.

donnent trente gros, qui ont produit 2 f. et demi. *Il fallait donc douze gros pour faire un franc.*

« f⁰ 3. A Odot de Molain, escuier, pour VII jours à XX sols « par jour font VII$^{lb}$ Tournois ». *Ce qui met bien la livre tournois à 20 sols.*

« f⁰ 5. A Claude Levrier et Huguenin Dayenne, serviteurs « d'Odot de Molain et de Humbert de Plaine, le dernier jour « de novembre mil IIII XL IIII, XX saluts d'or qui leur a été « tauxé pour aller de Dijon en Flandre porter lettre... pour « ledit XX saluts au prix de XVI gros demi, pour ce XXVII « francs demi ». *Donc le salut de 16 gros demi valait 27 sols et demi.*

« f⁰ 11$^{vo}$. A Jehannin Viard chevaulcheur le XXIII jour de « janvier, la somme de *dix saluts* d'or en *l'estimacion de XIII* « *francs IX gros*, pour son voyage d'aler en Flandres devers « M. le duc porter lettre..... »

« f⁰ 13. A Loys d'Artois chevaulcheur, le XIX jour dudit « mois de février (1445) la somme de *dix escus d'or* sur son « voiage qu'il faisoit lors pour conduire M. le président du « Conseil et M. le bailli de Dijon à aler à Reims et les accom- « pagner à la prochaine journée prise audit Reims avec le roy « et mondit syr le duc.... *XIII francs IX gros* ».

Des deux articles qui précèdent, il résulte clairement que l'écu d'or avait la même valeur que le salut. Les écus à la couronne de Charles VII sont cependant, pour la plupart, plus lourds que les saluts, et arrivent même jusqu'à 4 grammes (1). On doit en conclure simplement qu'ils renferment plus d'alliage, ce qui est vrai, car leur titre est descendu à 20 carats et même à 16 et 17 carats, en 1429.

En résumé, les francs à pied de Charles V, les francs à che-

---

(1) Cette pesanteur plus grande des pièces royales de France n'était pas la véritable cause de la mention que l'on rencontre souvent dans les ventes de l'époque : « laquelle somme sera payée en monnaie d'or au coin du roi de France ». Cette phrase s'explique plus naturellement par les Ordonnances qui *décriaient* les monnaies autres que celles du roi et défendaient de les accepter; ce qui exposait à une perte sérieuse. « Le 29 mai, vigile de Pentecôte (1417), fut crié que nul ne prinst « quelle monnaie que celle du coing du roi, et fust crié de prendre petit mouton « d'or pour 16 sols parisis (20$^s$ tournois) qui ne valait pas plus de 11 sols ». (MI-CHAUX, collection des Mémoires pour l'Histoire de France, T. II, p. 647, col. 2, *Journal d'un Bourgeois de Paris*).

val de Jean-le-Bon et de Charles V, les écus d'or à la couronn-
de Charles VI (1) et de Charles VII, les royaux d'or de Charles VII, les riders de Bourgogne, les saluts de Henri VI ont la
même valeur, et représentent chacun seize gros et demi (1 franc
35 c.).

Malgré leur différence de diamètre, les florins sont du même
poids que les saluts. Cela tient à leur plus grande épaisseur ; et
si, d'après la quittance de Jehan de Bauffremont, ils ne sont
admis que pour 13 gros et demi, c'est qu'il entre dans leur
composition davantage de cuivre (2).

***

Il sera possible maintenant de se rendre compte de la somme formée par les 506 pièces.

Les pièces françaises, bourguignonnes, anglo-françaises, ayant
la même valeur, sont au nombre de 363, donnant, à 16 gros et
demi, 5989 gros et demi. Il faut ajouter, pour les deux nobles
d'Angleterre qui sont le double du salut, 66 gros ; soit donc
6055 gros et un demi.

Comme il y avait douze gros dans un franc, on doit diviser
6055 1/2 par 12, et on obtient 504 francs 7 gros et un demi-gros.

Les 135 pièces allemandes ajoutées aux deux pièces de
Venise (3) et Gênes, aux deux de Milan, et à celles d'Orange et
de l'évêque d'Arles, soit 141, valant chacun 13 gros 1/2, représentent 151 francs 10 gros et demi.

Nous avons donc, en ajoutant 504 fr.  7 gros 1/2
à  151 fr. 10 gros 1/2
_______________

Un total de 655 fr. 18 gros (ou 1 fr. 50 c.)
Soit 656 francs 50 centimes.

---

(1) Par Ordonnance du roi Charles VI, du 20 janvier 1416, les écus couronne d'or
*couraient* pour 22 sols 6 deniers. Par une autre Ordonnance du 7 mars 1418, leur
cours fut porté à 30 sols tournois. Il avait été ramené à 27 sols 6 deniers, puisque
16 gros et demi représentent 27 sols 6 deniers tournois.

(2) Voir *Recherches sur les Monnaies*. Avertissement, p. VIII. « Dans les florins du
« Rhin, le cuivre était à l'or comme 14 27/28 à 46 1/28. Leur titre était à 18 carats
« et demi ».

(3) Ces pièces étaient d'un titre supérieur, mais leur petit nombre peut faire négliger l'erreur.

Quant à la centaine de pièces cédées, disséminées avant le classement de M. ANDRÉ, on ne peut que les estimer au prix moyen des autres ; ce qui produira 129 fr. 75, à ajouter aux 656 fr. 50, et nous donnera un total général de 786 fr. 25.

*****

Ces 786 fr. 25 (ou trois gros) constituaient pour l'époque une somme importante. Pour bien le comprendre, il ne faut pas perdre de vue que chaque pièce renferme 3 gr. 50 c., (soit environ 11 francs) d'or monnayé. Or, ces 11 francs ne représentaient alors que 27 *sous* ; tandis que maintenant 27 sous ne valent que un franc et un tiers d'or, soit 1 fr. 35, c'est-à-dire le 1/8 de 11. C'était donc une somme représentant véritablement $786,25 \times 8$, soit 6290,00 d'aujourd'hui ; et par suite de la différence dans le prix des choses, il est certain qu'il faudrait encore beaucoup augmenter ce chiffre pour se rapprocher de la vérité (1).

VII. — LA COMPOSITION ET L'IMPORTANCE DE LA SOMME PEUVENT-ELLES FOURNIR QUELQUES INDICATIONS POUR DÉCOUVRIR L'AUTEUR DE LA CACHETTE ?

Dans un problème comme celui que je cherche à résoudre, les chances d'erreur sont tellement nombreuses qu'on ne doit

---

(1) Voici le prix des denrées et du bétail en 1459, lors de la rédaction de la *coutume de Bourgogne*, sous le duc Philippe-le-Bon ( Ib. p. 93 et suivantes): Un muid de vin (1 pièce, 228 litres) *en vignoble*, vingt-cinq sols dijonnais ou 40ˢ tournois ;

L'Emine de blé (480 livres, formant deux septiers de Troyes, de Paris et de Montbard) vingt-cinq sols *fort*, qui valent 40 sols tournois (*ce qui met la livre à un denier : 40 sols multipliés par 12 = 480)* ;

Le seigle, l'orge et l'avoine, chaque émine pour 25 sols tournois ;

La journée d'un homme, *semailles, fenaison et moissons*, 20 deniers tournois par jour, c'est-à-dire 20 livres pesant de blé ;

La corvée d'une femme, 12 deniers seulement, (c'est-à-dire 12 livres de blé) ;

La corvée d'une charrue, 3 sols 4 deniers tournois ;

La géline ou poule, 10 deniers tournois ;

Le chapon, 15 deniers tournois ;

L'oison, 15 deniers tournois ;

Un mouton gras avec sa laine, treize sols 4 deniers tournois ;

Un mouton commun, 8 sols 4 deniers tournois ;

La brebis avec sa laine, cinq sols tournois ;

L'agnel, vingt deniers ;

Le bœuf *tirant*, six livres tournois ;

La vache portant lait, trois livres tournois ;

Le porc gras, 40 sols tournois.

rien négliger. Il faut savoir tirer du plus petit détail une preuve, un renseignement, quelque chose enfin qui permette d'approcher le plus près possible de la vérité. Il était donc nécessaire d'étudier la composition et l'importance du trésor ; et j'ai compris bien vite, que si elles ne suffisaient pas, à elles seules, pour trancher la question, elles pouvaient néanmoins être d'une grande utilité pour simplifier la discussion et la circonscrire dans des limites restreintes. Elles permettent en effet d'éliminer de suite certaines hypothèses, et de ne pas s'arrêter à certaines idées qui se présentent cependant avec des apparences de solidité et de raison. De plus, elles conduisent à une solution qui, si elle n'est pas la vérité, a le grand mérite d'être absolument vraisemblable, et d'être la seule qui réponde à toutes les objections.

Ce qui frappe tout d'abord, c'est que la collection de Beaujeu ne renfermait absolument que des pièces d'or, sans une seule monnaie d'argent ou de bronze. Il y a déjà là un fait curieux, qui ne peut être le résultat du hasard, mais bien plutôt la preuve d'une intention formelle ; surtout si on considère qu'à cette époque le numéraire d'or était relativement rare, puisque Jehan de Bauffremont (1), qui était un des plus grands seigneurs de la Comté, n'avait pu réunir 738 francs en or, pour les confier aux Cordeliers de Gray,

A ce propos, une remarque doit être faite, c'est que si on retranche des 738 francs les 94 francs en grands blancs, on n'a plus que 644 francs représentés par 474 pièces d'or, qui comprennent 379 pièces anglo-françaises (saluts et nobles), contre douze pièces françaises (les angelots) et 83 florins allemands.

C'est qu'en 1432, année où cette quittance a été faite, Philippe le-Bon était l'allié de l'Angleterre ; et c'était l'or anglais qui entretenait les troupes bourguignonnes, et se rencontrait le

---

(1) Jehan de Bauffremont, seigneur de Bourbonne, Mirebeau, Choye, etc.., était le second fils de Henri de Bauffremont, baron et seigneur de Scey-sur-Saône, Bourbonne, Mirebeau, Charny, Choye, etc, etc, conseiller et chambellan de Jehan-sans-Peur, et de Jeanne de Vergy, fille de Guillaume de Vergy, seigneur de Mirebeau, Choye, Bourbonne, etc, et d'Agnès de Jonvelle. Jehan de Bauffremont avait épousé Marguerite de Chalon, fille de Jehan de Chalon, seigneur de Vitteaux. Il fut commis par la noblesse pour la rédaction des coutumes de Bourgogne en 1459. Il ne laissa qu'une fille mariée à Pierre de Bauffremont, son cousin.

plus en Bourgogne, car les riders n'avaient pas encore été fabriqués.

A Beaujeu, les proportions ne sont plus les mêmes. Sur les 506 pièces dont le détail a été donné, on ne trouve plus que 157 saluts ou nobles d'Angleterre, tandis qu'il y a 113 pièces françaises, 95 bourguignonnes et 139 allemandes.

Cela fait voir que les choses ont changé de face. La paix d'Arras (1435) a rétabli les bonnes relations entre la France et la Bourgogne, et le duc Philippe a émis ses riders ; de sorte que ces pièces et les écus d'or français peuvent se rencontrer dans la province. Mais ce qui s'explique plus difficilement, c'est la présence des florins allemands de date récente, et en particulier ceux d'Albert d'Autriche, nommé empereur en 1438, et ceux de Frédéric élu seulement en 1440. Et cela mérite d'autant plus de fixer l'attention, qu'à ce moment les communications étaient difficiles, car la France était parcourue dans tous les sens par les troupes mercenaires que la paix d'Arras avaient rendues libres.

Pour que ces monnaies se trouvent réunies dans la même main, et soient arrivées à Beaujeu, il a fallu un concours de circonstances toutes particulières et exceptionnelles.

## VIII. — Était-ce un trésor de guerre ? Avait-il été caché par un habitant de Beaujeu, paysan, bourgeois, seigneur ?

J'ai entendu dire que cette somme (de 786 fr. 25) devait être un trésor de guerre. Cela est inadmissible, et en voici une preuve :

Le 3 août 1444 (1), une revue de deux cents hommes d'armes était passée à Citey-les-Gy (2). Chaque homme d'armes recevait 12 francs par mois, soit 8 sols par jour. Cela nécessitait donc 80 francs par jour ; de sorte que les 786,25 n'auraient pas suffi pour payer pendant dix jours cette petite troupe, qui ne pouvait certainement pas passer pour une armée.

(1) Voir Preuve n° 4.
(2) Citey-les-Gy, canton de Gy, arr. de Gray (Haute-Saône).

A cet argument, on pourrait en ajouter d'autres, aussi sérieux et non moins probants.

Au Moyen-âge, les troupes en campagnes n'étaient payées que tous les mois (1). Le trésorier, qui était un commis du receveur général des finances, apportait lui-même la somme (2) et *toujours sous bonne escorte.*

On ne comprend donc pas, par quel singulier hasard (même en admettant cette hypothèse) un trésor de guerre aurait pu s'égarer dans la direction de Beaujeu, et surtout être laissé en dehors de la forteresse.

Si, à cette époque, comme on le verra plus loin, la rive droite de la Saône a été occupée par des troupes ennemies, et par celà même est devenue le théâtre d'événements graves, la rive gauche, dans les environs de Gray, a joui au contraire d'une tranquillité à peu près complète. Il n'existait dans la région que les ponts de Gray et d'Apremont (3) qui étaient convenablement gardés ; et on avait la précaution de couler les barques à fond d'eau, pour empêcher le passage, par ce moyen, d'une rive à l'autre, dans le reste de la contrée.

L'importance de la somme ne permet pas de s'arrêter à l'idée qu'elle pouvait appartenir à quelque habitant de Beaujeu, paysan ou bourgeois. L'ensemble de la communauté aurait déjà, sans doute, eu de la peine à rassembler pareille finance : on le comprendra mieux encore, quand on saura qu'en 1436, Jean de Ray affranchit ses sujets de Ray, moyennant le paiement de 318 saluts, soit 437 francs trois gros (4).

Peut-on supposer que Jehan de Ray, alors seigneur de Beaujeu, était le propriétaire des pièces trouvées ? Certainement cela serait possible, et on a vu tout à l'heure qu'en 1432, Jean de Bauffremont donnait aux Cordeliers de Gray une quittance de la somme de 738 francs dix gros qu'il leur avait confiée, et que

---

(1) HARDY DE PÉRINI (Général). *Les batailles d'autrefois*, T. II, p 29-30.

(2) Ce commis faisait la paye aux chefs *de chambre*, et il recevait les quittances *signées* des intéressés, ou scellées de leurs sceaux. Les archives de la Côte-d'Or conservent une grande quantité de ces quittances des XIV⁰ et XV⁰ siècles, auxquelles sont encore attachés la plupart des sceaux.

(3) Apremont, canton et arrondissement de Gray, sur la Saône. Le pont avait servi aux Grandes Compagnies pour passer sur la rive gauche de la Saône, en 1363-1364.

(4) Voir *Bull. de la Haute-Saône 1881*, p. 418 et suivantes).

ces religieux lui rendaient. Mais ce qui est incompréhensible, c'est que Jean de Ray, possédant cette somme et voulant la mettre à l'abri, ait pu avoir la pensée de choisir cet endroit.

Il savait mieux que personne qu'elle ne pouvait être nulle part plus en sûreté que derrière les murailles de son château, dans quelque recoin ou mieux dans la salle basse du donjon. Beaujeu était en effet, une des plus solides forteresses (1) des bords de la Saône, et les seigneurs de Ray en avaient encore augmenté l'importance. Mais si, cependant, pour une raison quelconque, Jean de Ray avait été amené à se servir de cette place, il n'aurait pas manqué, une fois le moment critique passé, de venir reprendre son dépôt, car il n'est mort qu'en 1453 (2).

IX. — Puisque cet or ne devait provenir ni des habitants de Beaujeu, paysans ou bourgeois, ni du seigneur, il appartenait donc a un étranger. Mais quel était-il ?

Ce pouvait être, à la rigueur, un juif ou un lombard en relations d'affaires avec les contrées lointaines, un marchand ayant fréquenté les foires renommées, un condottière ayant parcouru l'Italie, la France et l'Allemagne, mettant son épée au service du plus offrant. Mais les juifs et les lombards, et il en existait à Beaujeu, n'habitaient que des villes ou des bourgs fortifiés. Ils auraient su trouver un coin propice dans l'intérieur du village, ou même dans le château, en évitant avec soin les indiscrets, et en prenant les plus grandes précautions. Et si, par extraordinaire, l'idée leur était venue de confier leur or à la terre, ç'eut été au loin, dans la campagne, qu'ils auraient mis leur projet à exécution ; et non à 40 mètres à peine d'une maison habitée, dans *un endroit découvert* où ils avaient toute chance d'être vus.

---

(1) La tour de Beaujeu n'est autre que l'ancien donjon. Ses murs ont plus de deux mètres d'épaisseur à la base. Les remparts du château avaient 1 m. 50 d'épaisseur, et 8 mètres de hauteur dans l'intérieur. Cette hauteur était augmentée extérieurement par la profondeur des fossés.

(2) Voy. Dunod, t. iii, p. 102 et suiv.

Ils payaient du reste un droit de séjour, qui leur assurait pour eux et leurs biens, aide et protection.

Peut-on penser à un marchand ?

Au Moyen-âge, c'étaient les grands seigneurs qui avaient la garde des chemins. Ils en retiraient un certain bénéfice, sous forme de redevance payée par les marchands, qui trouvaient avantage et sécurité à cette combinaison. Un marchand qui, surpris par la guerre, serait arrivé à Beaujeu l'escarcelle bien garnie, n'aurait jamais eu l'idée de la jeter dans un trou creusé près d'une ruelle, au milieu d'un verger. Il se serait hardiment présenté au pont-levis, réclamant l'entrée, et sûr d'être bien accueilli, surtout par la châtelaine que pouvaient charmer ses bijoux, ses étoffes précieuses ou ses parfums d'Orient.

A qui donc attribuer ce trésor ?

Il devait appartenir à quelque vieux routier qui, pendant de longues années, et selon les hasards de la guerre, ou mieux selon les ressources de ces princes, avait servi alternativement le roi de France, le duc de Lorraine René d'Anjou, ou son concurrent, le comte de Vaudémont.

C'est ainsi qu'il avait pu d'abord recueillir les pièces françaises. Et, à mesure que Charles VII reprenait les diverses provinces aux Anglais, il avait pu trouver dans ces contrées les nobles de Henri V et les saluts de Henri VI (1).

Les stations sur les frontières de la Bourgogne auraient pu, à la rigueur, expliquer la présence dans ses mains des riders du duc Philippe. Mais on aura bientôt la preuve que ces pièces ont dû y arriver d'une autre façon. Quant aux florins des empereurs Sigismond, Albert et Frédéric, du comte palatin Louis de Bavière, et des archevêques de Cologne, de Mayence et de Trèves, il les avait ramassés en Alsace dans l'expédition de 1439, ou pendant l'occupation de cette province par les troupes du dauphin, en 1444-1445. Et, pour qui connaît les mœurs des

---

(1) « Et ne courrit pour ce temps, partout où le roy Henry estoit obéi au royaume de France, monnoye royalle que celle que le roi Henry avoit fait forger et *où les armes de France et d'Engleterre estoient, se nestoit au péril de perdre la monnoye. Et il en y eut plusieurs qui par ceste manière la perdirent* ». (Mém. de Pierre de FÉNIN, édit. Michaud, T. II, p. 617, col. 1).

gens de guerre au Moyen-âge, la solde régulière (1) avait moins contribué à la réunion de ces 600 pièces d'or, que les exactions, les rançons et le pillage (2).

Etait-ce un ami ou un ennemi ?

A cette époque, il n'y avait aucun mercenaire dans les troupes bourguignonnes. Les titres de la Chambre des Comptes, conservés aux archives de la Côte-d'Or, le démontrent absolument. Ils prouvent que la noblesse seule fut convoquée pour défendre les frontières, et pour repousser les attaques dont elles furent l'objet de la part des troupes licenciées après la paix d'Arras.

Pourrait-on supposer que l'auteur de la cachette fût un homme d'armes bourguignon, chevalier ou écuyer, ou un de leurs valets ? Cela était de toute impossibilité.

Les campagnes ne duraient que quelques semaines, rarement quelques mois (3). Le gentilhomme devait le service à ses frais pendant 40 jours, et seulement alors il était mis à gage. Il recevait par mois une paye de 12ᶠ portée quelquefois à 15ᶠ (4) pour lui, ses chevaux et ses valets. Et les ducs de Bourgogne avaient toujours recommandé à leurs armées de *solder exactement leurs dépenses* (5), et à plus forte raison de s'abstenir de toute exaction. C'était même par ce moyen que Jean-sans-Peur était arrivé à la popularité, dans ses querelles avec les Armagnacs. Un

---

(1) Comme on l'a pu voir plus haut, la solde de l'homme d'armes, qui était noble, arrivait à 12ᶠ par mois. Celle des simples archers était de 4 à 5ᶠ, selon leur réputation militaire et leur armement.

(2) Le pillage était dans les habitudes du soldat ; ce qui fit dire au célèbre général anglais Talbot : « Si Dieu était homme de guerre, il se ferait pillard ». (J. de Fré-MINVILLE : *Les Ecorcheurs en Bourgogne*, p. 15).

(3) On en trouve un exemple remarquable pendant le siège de Calais, en 1347. Après la bataille de Crécy (26 août 1346), le roi d'Angleterre, Edouard III, avait mis le siège devant Calais. N'espérant pas la prendre par la force, il avait compté amener la capitulation par la famine, et avait fait bâtir pour ses troupes, une ville en bois, défendue par une ceinture de forteresses. Le roi de France, Philippe VI, venait au mois de juillet, avec une armée de 200.000 hommes, au secours de la place, mais tous les passages étaient gardés, et il ne put arriver à l'ennemi ni par les marais, ni par les dunes. Il envoya alors demander à l'Anglais de choisir une place où l'on pût combattre. Cette naïve proposition n'ayant pas été acceptée, il licencia son armée et se retira ; et peu après Eustache de Saint-Pierre, la corde au cou, portait à Édouard III les clefs de la ville de Calais.

(4) Voir Preuve n° 4.

(5) *Arch. de la Côte-d'Or*, B. 11.740 et 11.871, fᵒ 89. TUETEY, *Les Ecorcheurs*, T. I, p. 58.

homme d'arme aurait donc été dans l'impossibilité absolue d'arriver à ramasser dans une campagne, *se fût-elle prolongée plusieurs années*, ces six cents pièces d'or, écus ou florins.

Ce ne pouvait donc être qu'un ennemi, et il reste à expliquer comment il a pu arriver à la porte du bourg de Beaujeu, et y enterrer son or.

### X. — A quelle circonstance, a quel fait, et par suite a quelle date coïncide le dépôt en cet endroit ?

Il a été démontré que ce dépôt avait dû avoir lieu entre 1440 et 1450. Il s'agit donc de savoir si, dans cet intervalle, il s'est passé des événements graves, ayant troublé la sécurité du pays, et pouvant expliquer à la fois la possession d'une pareille somme par le même personnage, et sa présence à Beaujeu.

L'intérêt du règne de Charles VII se concentre plus particulièrement sur la grande figure de Jeanne d'Arc. Néanmoins, il est impossible d'oublier les méfaits des *Ecorcheurs* qui, peu après le martyre de la Vierge Lorraine, ravagèrent pendant dix ans, de 1435 à 1445, la France entière, du Nord au Sud, de l'Est à l'Ouest, et surtout la Bourgogne.

La longue rivalité des ducs de Bourgogne, d'Orléans et de Bourbon avait appris aux routiers le chemin de cette province. Mais aussi le pays était riche, le vin bon, et les populations, au lieu de résister à main armée à l'invasion, avaient la malheureuse habitude de se racheter du pillage par une rançon (1).

On sait quels étaient ces aventuriers.

Après l'assassinat de Jean-sans-Peur, sur le pont de Montereau, par les gens du Dauphin en 1419, Philippe-le-Bon, son fils, se jeta dans les bras des Anglais, avec lesquels il fit pendant quinze ans la guerre à la France (2).

---

(1) Pendant la captivité du roi Jean-le-Bon, les États de Bourgogne rassemblés à Beaune votèrent 200.000 *moutons* d'or (*deniers à l'agnel*), à verser au roi d'Angleterre, Édouard III, pour que ses troupes n'entrent pas dans le duché. Le traité fut signé à Guillon, le 10 mars 1360.

(2) Ce fut lui qui livra à ses alliés, les Anglais, Jeanne d'Arc prise devant Compiègne par un de ses vassaux, Jean de Luxembourg, le 23 mai 1430.

Mais, en 1435, il était revenu à de meilleurs sentiments, et le 21 septembre la paix était signée à Arras (1).

Malheureusement, si cet événement fut salué par des cris de joie dans tout le royaume, il laissait inoccupées des armées mercenaires (2) qui n'avaient jamais vécu que de la guerre, et étaient incapables de revenir à une autre existence. Et comme il n'y avait alors absolument rien à leur opposer pour les arrêter dans leur marche, elles parcoururent toutes les provinces, donnant libre carrière à leur besoin de rapine.

Bon nombre de chroniqueurs leur donnent simplement le nom de Routiers ; les auteurs allemands les appellent Armagnacs (3) ; mais la plupart des documents du temps, rassemblés dans les *Archives de la Bourgogne*, les désignent sous celui d'Ecorcheurs (4), parce que suivant Chartier (5) et Monstrelet (6), tous ceux qui étaient rencontrés par eux étaient dépouillés jusqu'à la chemise, d'où l'on disait : « *qu'ils avaient été écorchés* ». C'est cette appellation qui a prévalu.

Les bandes d'Ecorcheurs, comme les grandes compagnies du XIVe siècle, avaient un caractère essentiellement international. Leur chefs étaient des cadets de famille, des bâtards à qui les hasards de la naissance n'avaient pas donné de patrimoine ;

---

(1) Anne de Bourgogne, sœur de Philippe-le-Bon et femme du duc de Bedford, régent pour son neveu Henri VI d'Angleterre, avait toujours retenu son frère dans l'alliance anglaise. Sa mort, arrivée le 13 novembre 1432, avait brisé un des liens. La mort de Bedford, 14 septembre 1435, décida définitivement le duc de Bourgogne à accepter les propositions des ambassadeurs de Charles VII, qui lui offraient les comtés de Mâcon, d'Auxerre, de Bar-sur-Seine, Péronne, Roye, Montdidier, Saint-Quentin, Amiens, Corbie.

(2) La guerre continuait avec l'Angleterre, et on avait surtout licencié les troupes opposées au duc de Bourgogne. Cela fait mieux comprendre encore leur connaissance du pays, et leur retour périodique dans la région.

(3) On sait que les aventuriers qui continuèrent, au XVe siècle, les traditions des Grandes Compagnies du XIVe, portèrent le nom d'Armagnacs. Ce nom leur avait été donné parce que, après l'assassinat du duc Louis d'Orléans par le duc de Bourgogne en 1407, Bernard d'Armagnac, dont la fille était mariée au jeune duc Charles d'Orléans, devint le chef du parti. Mais il ne tarda pas à se rendre odieux par sa tyrannie et ses exactions, et il fut massacré par la populace parisienne en 1418. Le nom était resté dans la tradition comme synonyme de bandit, et la conduite des écorcheurs motivait cette appellation.

(4) Voir aux Preuves, n° 4.

(5) Jean Chartier, moine de Saint Denys, était le frère d'Alain Chartier, le poète, qui fut secrétaire de Charles VI et de Charles VII. Jean a publié les *Grandes chroniques de France* et une histoire de Charles VII.

(6) Monstrelet (Enguerrand de) prévot de Cambrai, a écrit des chroniques qui font suite à celles de Froissard (1400-1453).

quelquefois des gentilshommes mécontents, ou simplement ambitieux et poussés par le besoin d'aventure, ou mieux l'espoir du butin. Mais à côté des Chabannes, des Xaintrailles, des deux bâtards de Bourbon, des Espagnols Villandrando et Salazar, (1) se trouvaient des gens de basse extraction, arrivés par les circonstances à une grande réputation militaire.

Les Écorcheurs faisaient la guerre de partisans, évitant la bataille, pratiquant surtout l'attaque nocturne et la surprise des villes ouvertes. Ils *eschellaient* quelquefois des forteresses, mais seulement lorsqu'ils savaient y trouver une faible résistance et une riche dépouille.

Je vais tracer de l'*Écorcherie* un tableau rapide, mais assez complet pour faire comprendre quelle énorme quantité d'or fut versée entre les mains de ces bandits. Mais je n'essaierai pas de donner une relation détaillée des mouvements des Écorcheurs (2), car il est presque impossible de suivre leurs pérégrinations à travers la France. Les colonnes se séparent et se retrouvent. Les unes se dirigent vers la Picardie, les autres vers la Guyenne, appelées pour quelque expédition, et pendant un temps déterminé. La campagne finie, elles reprennent leur liberté et leur brigandage, toujours attirées vers la Bourgogne, où on voit chaque année une invasion par le Nord, par le Centre ou par le Midi.

***

Pendant les négociations qui aboutirent à la paix d'Arras, les gens d'armes du duc de Bourgogne, conduits par les Vergy, et les troupes royales, commandées par les Châteauvillain (3) et les Sarrebruck (3), étaient en présence autour de Langres. Mal-

---

(1) Salazar, devenu vieux et presque infirme, commandait Gray lorsque cette ville fut reprise par les troupes comtoises, en août 1477. On sait que c'est pour célébrer cette délivrance qu'a été instituée la procession des *Habillées de blanc*, qui se fait maintenant le 4 mai.

(2) Pour plus de renseignements, consulter deux ouvrages remarquables qu'on lira avec le plus grand intérêt : 1° *Les Écorcheurs sous Charles VII* par A. TUETEY, archiviste aux Archives nationales : Montbéliard, MDCCC L XXIV ; 2° *Les Écorcheurs en Bourgogne*, par Joseph DE FRÉMINVILLE, élève de l'Ecole des Chartes : Dijon, 1888.

(3) Guillaume de Thil, seigneur de Châteauvillain avait épousé Isabeau de la Trémoille dont il n'eut pas d'enfant. Il mourut en 1439. Il était petit-fils de Jean IV de Thil, connétable de Bourgogne et de Jeanne de Châteauvillain, qui après le décès de son premier mari épousa d'abord Jaques de Vienne seigneur de Saint-Georges, puis Arnaud de Cervolle l'archiprêtre, le fameux chef de Routiers. En 4ᵉ noces, elle se

gré les trèves conclues dès le mois de janvier, en prévision de la paix, les hostilités ne cessaient pas, car il existait entre les Vergy et les Châteauvillain une vieille inimitié.

Jaloux de l'influence des Vergy auprès du duc de Bourgogne, Guillaume de Thil (1) seigneur de Châteauvillain (2) et de Grancey, qui avait d'abord porté les couleurs bourguignonnes, avait fait sa soumission à Charles VII. Il avait alors, le 8 mai 1433, selon l'usage du temps, envoyé une déclaration de guerre à Anthoine de Vergy, comte de Dammartin et seigneur de Champlitte ; et le même jour à minuit, il venait saccager l'abbaye de Theuley (3) qui renfermait les tombeaux des ancêtres de son ennemi (4).

Anthoine de Vergy ne pouvait pardonner un tel affront.

Avec son neveu Jehan de Vergy seigneur de Fouvans, son cousin Charles de Vergy seigneur d'Autrey (5), ses parents par alliance Jehan de Ray (6) et Guillaume de Bauffremont (7), seigneur de Scey-sur-Saône, il réclama le privilège de châtier le sire de Châteauvillain.

Il se dirigea d'abord sur Chalancey, où avait été transporté le butin fait à l'abbaye de Theuley (8), et il le prit d'assaut, quoique la position fût pour ainsi-dire inaccessible. Neuilly (9),

---

maria avec Enguerrand d'Eudin, domestique puis familier d'Arnaud de Cervolle, et qui devint sénéchal de Beaucaire et gouverneur du Dauphiné. Guillaume de Thil avait pour père Jean V et pour mère Johanne de Grancey, fille d'Eudes de Grancey et héritière de cette maison. Il avait une sœur, Marie, épouse d'Amédée de Sarrebruck seigneur de Commercy, dont le fils Robert de Sarrebruck était un des principaux chefs des Ecorcheurs. (MORÉRI ; JOLIBOIS : *La Haute-Marne*, p. 117).

(1) Thil, commune de Vic-sous-Thil, canton de Précy-sous-Thil, arrondissement de Semur (Côte-d'Or).

(2) Châteauvillain, chef-lieu de canton, arrondissement de Chaumont (Hte-Marne).

(3) Theuley, dépendance du village de Vars, canton d'Autrey, arrondissement de Gray (Haute-Saône). Une abbaye y avait été fondée en 1130 par Odon et Othon fils de Pierre Mauregard, seigneur de Mirebeau. Les tombes des Vergy et autres bienfaiteurs de l'abbaye ont servi à la construction des moulins de Gray.

(4) *Histoire de la Maison de Vergy*, p. 244.

(5) Charles de Vergy était fils de Jehan, cousin germain d'Anthoine. C'était donc plutôt son neveu, à la mode de Bourgogne.

(6) Jehan de Ray était fils de Bernard de Ray, qui donna le dénombrement de la terre et seigneurie de Beaujeu, le 18 mars 1428. Jehan de Ray était marié à Louise de Vergy, sœur de Charles.

(7) Guillaume de Bauffremont était fils de Henri et de Jeanne de Vergy, fille de Guillaume de Vergy et d'Agnès de Jonvelle.

(8) Voir JOLIBOIS : *La Haute-Marne*, page 102, col. 2. Chalancey, canton de Prauthoy, arrondissement de Langres (Haute-Marne), à 466 mètres d'altitude.

(9) Neuilly-sur-Suize, canton et arrondissement de Chaumont (Haute-Marne).

Saint-Urbain (1), Blaise (2), Éclaron (3), Cusey (4), tombè-
rent ensuite en son pouvoir ; et finalement il vint mettre le siège
devant Grancey (5). Cette place importante résista trois mois ;
mais malgré la hauteur de ses remparts et une défense opiniâ-
tre, elle fut emportée au mois de juillet 1434, et rasée par ordre
du duc.

Guillaume de Châteauvillain en avait conservé rancune à ses
adversaires, et il devait bientôt chercher l'occasion de se venger. Le Vendredi-Saint, 15 avril 1435, en pleine trève, il ne
craignit pas d'aller depuis Langres *fourrager sur les terres* du
seigneur de Ray. Le village de Ray fut pillé, le bétail emmené,
et les habitants durent en plus se « *racheter du feu en payant*
« *une grande somme d'argent, pour lesquelles charges iceulx*
« *habitants durent s'endebter en plusieurs lieus et en grand dan-*
« *gier* » (6).

Cela n'avait pas apaisé la colère du sire de Châteauvillain.

« A la fin de l'année, un mois à peine après la paix d'Arras,
« les troupes en garnison à Langres au nom du roi de France
« firent une course sur la terre et seigneurie de Scey-sur-
« Saône, (7) appartenant à Guillaume de Bauffremont. Après
« avoir réduit en cendres environ cinquante maisons, elles im-
« posèrent une contribution de 400 saluts d'or, et emmenèrent
« un nombre assez considérable d'habitants, dont partie mourut
« en captivité à force de mauvais traitements, et le reste fut mis
« à grosse rançon. Les dommages commis se montèrent à la
« somme considérable de 10.000 écus d'or (8) ». Une telle conduite en pleine paix méritait une punition exemplaire, et peu

---

(1) Saint-Urbain, canton de Doulaincourt, arrondissement de Wassy (Hᵗᵉ-Marne).
(2) Blaise, canton de Vignory, arrondissement de Chaumont (Haute-Marne).
(3) Eclaron, canton de Saint-Dizier, arrondissement de Wassy (Haute-Marne).
(4) Cusey, canton de Prauthoy, arrondissement de Langres. Le château était encore en état sous Henri IV, qui en parle dans une lettre du 11 octobre 1590.
(5) Grancey-le-Château, chef-lieu de canton, arrondissement de Dijon (Côte-d'Or),
dans un site des plus pittoresques. Le château est sur un rocher, à la réunion de deux
vallées qu'il domine. On y voit encore des boulets de pierre de 0ᵐ35 centimètres de
diamètre et du poids de 55 à 60 kilogs, qui proviennent du siège de 1434.
La duchesse de Bourgogne avait engagé ses joyaux pour 2.000 livres, afin de subvenir aux frais du siège. (J. DE FRÉMINVILLE: *Les Ecorcheurs en Bourgogne*, page 31).
(6) Voir : *Affranchissement de Ray*, BULLETIN DE LA SOCIÉTÉ SCIENCES ET ARTS DE
LA HAUTE-SAONE, 1880, p. 418 et suiv.
(7) Scey-sur-Saône, chef-lieu de canton, arrondissement de Vesoul (Haute-Saône).
(8) TUETEY: *Les Ecorcheurs sous Charles VII*, T. I, p. 17 et 18.

après, Guillaume de Bauffremont s'emparait de la ville de Châteauvillain.

Pour faire cesser les hostilités, le connétable de Richemont (1) avait envoyé une partie de ces gens de guerre rejoindre en Normandie le maréchal des Rieux qui venait de s'emparer de Dieppe (28 octobre 1635). Mais dans le commencement de 1436, la Bourgogne voyait arriver les Écorcheurs, et au mois d'août ils étaient aux portes de Dijon, où l'inquiétude était grande. Les Échevins assemblés le 23 août, s'occupèrent des mesures à prendre pour la sûreté de la ville. (2)

Les routiers eurent-ils connaissance de la résistance qui les attendait, ou bien furent-ils attirés ailleurs par l'espoir d'un butin plus facile ? Toujours est-il qu'ils prirent une autre direction. D'autres bandes avaient été dirigées vers le Gatinais, contre les Anglais ; et de cette façon, le calme était revenu momentanément dans la Bourgogne.

A la fin de l'année 1436, Fortépice (3) aidé du bâtard de la Baume, s'était emparé de Mailly-le-Château (4). Il ne la rendit que le 10 septembre 1437, pour l'énorme rançon de 1.500 écus d'or ; et le mois suivant il se montrait autour de Dijon.

Le gouverneur général de Bourgogne, Jean de Fribourg, sei-

---

(1) Arthur de Bretagne, comte de Richemont, fils du duc de Bretagne Jean V, devint duc de Bretagne, 1457. Il était marié à la sœur du duc de Bourgogne, Marguerite, qui était veuve du frère aîné de Charles VII, mort en 1415.

(2) Jean de Chissey était nommé capitaine, et prêtait serment le même jour. Les chaînes étaient tendues dans les rues, les milices organisées, et on décida que trois des portes seulement resteraient ouvertes. Un guetteur placé dans le clocher de l'église Notre-Dame, aux appointements de 4 gros par jour, devait signaler l'arrivée de l'ennemi. (*Archives municipales de Dijon*, B. 155, f⁰ˢ 15 et 18.

(3) Jaques de Pailly dit Fortépice était, selon JOLIBOIS : (*La Haute-Marne*), un cadet de la famille seigneuriale du Pailly (canton de Longeau, arrondissement de Langres). Depuis la ligne ferrée de Chalindrey à Is-sur-Tille, on aperçoit à quelques centaines de mètres, le château assez bien conservé, et rebâti par le maréchal Jean de Saulx Tavanne. Jaques de Pailly avait commencé sa vie d'aventure en 1433, et s'était emparé d'Avallon (Yonne). Le duc de Bourgogne ne put reprendre cette ville que par un siège en règle. (MONSTRELET, T. V, p. 69). On dut y conduire la grosse bombarde de Bourgogne qui avait été fondue à Auxonne, au mois de janvier 1410, pour le siège de Vellexon. Cette bombarde, qui pesait 6.900 livres, lançait des boulets de pierre de 320 livres : (*Archives de la Côte-d'Or*, B. 11.877). Aussi fallut-il six chars et 104 chevaux, qui mirent 15 jours, du 25 septembre au 10 octobre 1433, pour transporter de Dijon à Avallon la bombarde et ses *habillements*. Un certificat de Jean de Gray, escuier, constate que la dépense fut de 322 livres. (*Arch. de la Côte-d'Or*, B. 11509. *Recueil de Peincedé*, T. II, p. 521).

(4) Mailly-le-Château, canton de Coulanges-sur-Yonne, arrondᵗ d'Auxerre (Yonne).

gneur de Champlitte (1), convoqua alors tous les nobles pour se rendre à Pontailler-sur-Saône, afin de résister à « la dampna-« ble et ostinée entencion des Écorcheurs estant a Bèze (2), à « Talemay (3) et ailleurs ». (4)

Le 12 décembre 1437, les Échevins de Dijon rétablissaient la garde de leur ville avec le même soin que précédemment (5). C'est que les Écorcheurs étaient de retour, et signalaient leur présence par leurs cruautés habituelles. A Fleurey (6), un des habitants, Jean Lambert, après avoir été battu jusqu'à perdre connaissance, fut, pieds et poings liés, présenté à la flamme d'un grand feu, et y resta exposé jusqu'à ce que, les chairs de son dos tombant en lambeaux, il se décidât à payer quatre saluts d'or.

A Labergement-les-Seurre (7), les gens étaient réfugiés *dans l'église, avec leur bétail et leurs meubles.* Sur la promesse qu'il ne leur serait fait aucun mal, ils ouvrirent leurs portes : mais ils furent brutalisés, et durent verser 50 florins et fournir trois queues de vin.

Is-sur-Tille (8), Orville (9), Gemaux (10), Til-Châtel (11), Talmay, Bèze, Drambon (12), Heuilley (13) étaient rançonnés. Des lettres du comte de Fribourg, en date du 14 décembre, convoquent les nobles du duché à Labergement-le-Duc et ceux du comté à Pont-de-Planches (14), entre Gray et Vesoul, pour le 21 décembre 1437.

Malheureusement les villes, à l'abri derrière leurs remparts,

---

(1) Jean de Fribourg était fils de Marie de Vergy, sœur d'Anthoine de Vergy, comte de Dammartin et de Rigny, et fille de Jean de Vergy, maréchal de Bourgogne.

(2) Bèze, canton de Mirebeau, arr. de Dijon (Côte-d'Or), possédait autrefois une célèbre abbaye.

(3) Talmay, canton de Pontailler, arrondissement de Dijon (Côte-d'Or).

(4) *Arch. de la Côte-d'Or*, B. 3.683.

(5) *Archives municipales*, B. 175, fo 67.

(6) Fleurey-sur-Ouche, canton et arrondissement de Dijon, dont il est distant de 17 kilomètres.

(7) Labergement-les-Seurre, canton de Seurre, arrondissement de Beaune (Côte-d'Or).

(8) Is-sur-Tille, chef-lieu de canton, arrondissement de Dijon (Côte-d'Or).

(9) Orville, canton de Selongey (Côte-d'Or).

(10) Gemaux, canton d'Is-sur-Tille (Côte-d'Or).

(11) Til-Châtel, autrefois Tréchâteau, canton d'Is-sur-Tille.

(12) Drambon, canton de Pontailler (Côte-d'Or).

(13) Heuilley, canton de Pontailler (Côte-d'Or).

(14) Pont-de-Planches, canton de Fresne-Saint-Mamès, arr. de Gray (Haute-Saône)

refusaient de recevoir les troupes envoyées pour repousser les
Écorcheurs. Nuits, Talant (1), Auxonne, Beaune se signalèrent
par leur mauvaise volonté. Aussi, il ne faut pas s'étonner si
Renève (2), Jancigny (3), Saint-Seine-sur-Vingeanne (4), Chazeuil (5), Baissey (6), Avot (7), n'étaient plus que ruines fuman-
tes. Les routiers essayaient même de s'établir aux faubourgs de
Dijon, en réclamant, pour déloger, 2000 saluts d'or et 3 coursiers. (8) Dans le comté, Ray, Rupt (9), Scey-sur-Saône, Jussey (10) recevaient leur visite.

Au mois de juin 1438, le roi Charles VII avait déjà essayé
d'user de son autorité. Le 15 septembre, par des lettres datées
de Saint-Aignan-en-Berry, il défendait expressément à Poton
de Xaintrailles, Gauthier de Brusac, aux deux bâtards de Bourbon, à ceux d'Harcourt et de Vertus, à Rodrigue de Villandrando,
à Antoine de Chabannes, Floquet, Blanchefort, Florimont, d'entrer désormais sur les terres de Bourgogne, et leur enjoignait
de se comporter à l'avenir, de façon qu'aucune plainte ne s'éle-
vât contre eux.

Mais que pouvaient les menaces sans la sanction de la force ?
Moins de quinze jours après, le 27 septembre, le gouverneur
prévenait les baillis d'Auxois et de la Montagne (11) que les bandes approchaient du duché (12).

*On traita à prix d'argent.* Blanchefort et Antoine de Cha-

---

(1) Talant, à 3 kilom. de Dijon, sur une hauteur. Les premiers ducs de Bourgogne y avaient un château.

(2) Renève, canton de Mirebeau, arrondissement de Dijon (Côte-d'Or).

(3) Jancigny          id.          id.

(4) Saint-Seine-sur-Vingeanne, canton de Fontaine-Française, arr. de Dijon.

(5) Chazeuil, canton de Selongey, arr. de Dijon (Côte-d'Or), appartenait alors à
Odot de Vaites, dont la fille Marguerite épousa Jehan de Beaujeu en 1445. Chazeuil
avait tellement souffert du passage des Écorcheurs, que le 17 juillet 1446, Jehan de
Beaujeu achetait de son beau-frère, Gauthier de Vaites, les restes du château « la
« tour, fonds et tréfonds, ensemble les appartenances et dépendances, les fossés allées
« et venues en icelle, ainsi que tout se comporte, pour le prix de *cinquante quatre*
« *francs neuf gros,* » soit 54 fr. 75 c. (*Arch. de la Côte-d'Or,* E. 1374).

(6) Baissey, canton de Longeau, arrondissement de Langres (Haute-Marne).

(7) Avot autrefois Avoust, canton de Grancey-le-Château, arrondissement de Dijon,
à donné son nom à la famille du maréchal Davoust.

(8) Arch. de Dijon, B, 135 f° 75.

(9) Rupt, canton de Scey-sur-Saône, arrondissement de Vesoul (Haute-Saône).

(10) Jussey, chef-lieu de canton, arrondissement de Vesoul. Quoi qu'il y eut une
famille de ce nom, la seigneurie appartenait au comte de Bourgogne.

(11) Le bailliage de la Montagne comprenait l'arrondissement actuel de Châtillon-
sur-Seine.

(12) *Arch. de la Côte-d'Or,* B. 2388, f° 40 v°.

bannes reçurent 2500 saluts d'or et 2 coursiers de la valeur de 200 saluts. Chapelle, qui ravageait l'Auxois, toucha 1000 saluts, et un coursier de 120 saluts, Floquet, l'écumeur de la Montagne, eut pour sa part 2000 saluts et un coursier de 200 saluts.

Ces sommes furent fournies par les États réunis le 10 octobre 1438, et qui avaient accordé une *aide* de 6000 saluts d'or, à lever également sur les gens d'Église (1) « *qui en paieront pour* « *leur personne, chascun selon son état pour cette fois, sans pré-* « *judice de leurs privilèges, exemptions, libertés, parce que c'est* « *pour la fortification et conservation du pays* ».

Mais, soit que l'argent ne fut pas versé à temps, soit pour toute autre cause, le pays ne paraît pas avoir été délivré. Le 28 novembre, Florimont, de la compagnie de Chabannes, est à Palinges (2) dont il exige 1000 saluts. Il se rend ensuite à Génelard (3) avec le sire de Saint-Prix, de la compagnie du bâtard de Bourbon. Un valet, qui n'avait pas pu payer sa rançon, fut enveloppé de paille à laquelle on mit le feu (4).

****

A cette époque, la Lorraine était le théâtre d'une lutte acharnée entre René d'Anjou, roi de Sicile, et le comte de Vaudémont qui se disputaient la possession de cette province. Chacune des deux parties avait appelé à son aide des bandes de routiers, et la guerre se prolongeait sans résultat. Mais en 1439, le roi René étant dans son royaume de Naples, ses représentants s'adressèrent à son beau-frère le roi Charles VII (5), qui envoya ses meilleurs capitaines.

Ce secours ne fut pas désintéressé, et les comptes, pour 1438-1439, d'Othenin d'Amance, receveur général de Lorraine, permettent d'en juger en connaissance de cause. La Hire reçut pour deux mois, 6000 florins. D'autres chefs, moins connus,

---

(1) Cette mesure exceptionnelle était motivée par l'état de souffrance où se trouvaient les populations par suite de la disette et de la cherté de toutes choses. Les années 1437 et 1438 virent une des plus terribles famines dont on ait gardé le souvenir. A. TUETEY. T. I, p. 43. *Arch. de la Côte-d'Or* : B. 2388.

(2) Palinges, chef-lieu de canton, arrondissement de Charolles (Saône-et-Loire).

(3) Génelard, canton de Toulon-sur-Arroux, arrondissement de Charolles (Saône-et-Loire).

(4) DE FRÉMINVILLE, p. 96.

(5) Charles VII avait épousé Marie d'Anjou, sœur du roi René.

furent payés, les uns 1500, les autres 2000 florins. Les deux d'Estrac eurent pour leur part 2380 florins, Blanchefort se contenta de 900 florins, mais Anthoine de Chabannes en exigea 3.500.

Comme le trésor ducal ne pouvait fournir toutes ces sommes, Thierry de Lénoncourt et Pierre du Châtelet se constituèrent comme otages.

L'intervention du roi de France finit par amener la cessation des hostilités, mais les troupes des deux partis n'en continuèrent pas moins à vivre aux dépens de la Lorraine. Elles ne se décidèrent à la quitter que vers le 15 février 1439, pour se diriger sur l'Alsace, sous la conduite de Jean de Fénestranges.

Toujours pillant et rançonnant, elles étaient arrivées à Strasbourg, en passant par Saverne. C'était une véritable armée, d'au moins douze mille chevaux, qui mit tout à feu et à sang, et brûla plus de cent dix villages.

Après avoir dévasté les environs de Strasbourg, ces brigands ne craignirent pas de s'aventurer en plein pays allemand, et, selon MONSTRELET, ils atteignirent Francfort sans résistance (1).

La chronique du doyen de Saint Thiébaud (2), rapporte qu'il fallut payer aux Écorcheurs plus de CENT MILLE FLORINS, pour leur faire quitter l'Allemagne.

Ils revinrent alors en Alsace, et le 20 mars 1439 ils occupaient toute la région entre Colmar et Montbéliard. A Grandvillars, cinquante petits enfants furent mis à mort (3).

Leur objectif était la ville de Bâle; mais elle s'était mise en état de défense, et ils regagnèrent la France par le pays de Montbéliard et les terres des abbayes de Lure (4) et de Luxeuil (5), sous les ordres de Chabannes, Blanchefort, Chapelle, etc. Ils logèrent dans les environs de Luxeuil, à Saint-Loup (6),

---

(1) MONSTRELET, édit. Douet d'Arcq, T. v., p. 349.

(2) V. Dom CALMET: *Histoire de Lorraine*, T. IV, preuves du 2e volume, colonne CC XXXIV.

(3) TUETEY, T. I, page 112.

(4) Lure, chef-lieu d'arrondissement (Haute-Saône). Une abbaye y avait été fondée en 610 par St Desle, disciple de St Colomban. L'abbaye de Lure relevait de l'empire d'Allemagne.

(5) Luxeuil, chef-lieu de canton, arrondissement de Lure (Haute-Saône), appartenait à l'abbaye qui y avait été fondée en 590 par St Colomban. Les comtes de Bourgogne avaient la garde de l'abbaye de Luxeuil.

(6) Saint-Loup-sur-Semouse, chef-lieu de canton, arrondissement de Lure (Haute-Saône).

Corbenay (1), Anjeu (2) qu'ils saccagèrent sans pitié. Jean de Saint-Loup, envoyé par le Gouverneur, leur fit quinze prisonniers qui furent conduits à Lisle-sur-le-Doubs, puis à Gray, et enfin à Dijon, où leur procès eut pour prompte conclusion leur supplice (3).

Mais cela n'avait fait qu'augmenter la fureur de leurs compagnons, qui redoublèrent de férocité et se livrèrent à de véritables actes de barbarie.

Les informations faites en 1444, par ordre du duc Philippe-le-Bon, et conservées aux Archives de la Côte-d'Or (4), donnent le tableau complet de ces scènes de brigandage, où les brutalités, le feu étaient employés pour arracher aux malheureux habitants l'argent qu'ils pouvaient avoir.

Dans la localité d'Anjeu, Thevenin Chausset fut d'abord battu à outrance ; puis il fut lié et placé *nu-devant un grand feu pour le faire rotir*. Il se racheta moyennant dix aunes de futaine et 3 francs. Le village put capituler pour 30 florins (5). A Saint-Sauveur-les-Luxeuil, les Écorcheurs exigèrent 700 florins et quatorze des meilleurs chevaux, estimés cent florins. Et, comme il était impossible de trouver une somme aussi importante, ils emmenèrent prisonniers quinze notables, qu'ils gardèrent à Darney (6), *à fond de fosse* (7).

Le plus souvent ils entassaient les meubles et y mettaient le feu. Ils montaient quelquefois sur les maisons, et au moyen des fléaux à battre le grain, ils brisaient les tuiles et la toiture et renversaient les cheminées (8).

C'est ainsi qu'ils ne quittaient le pays qu'après avoir tout détruit, et bien certains qu'il ne restait pas une seule pièce de monnaie à leurs victimes.

Quand cette région désolée n'eut plus rien à offrir à la rapacité de ces barbares, ils se dirigèrent sur Langres, puis vers les

---

(1) Corbenay, canton de Saint-Loup.
(2) Anjeu, canton de Vauvillers, arrondissement de Lure (Haute-Saône).
(3) De Fréminville, p. 108.
(4) Voir aux Preuves, n° 5.
(5) Tuetey, t. ii, p. 364.
(6) Darney, chef-lieu de canton, arrondissement de Mirecourt (Vosges).
(7) *Arch. de la Côte-d'Or*. B. 11881. Déposition de Jean Mongin.
(8) Une de leurs distractions favorites était d'éventrer les lits de plumes, et d'en jeter le contenu au vent.

frontières du duché, semant partout l'épouvante. On avait essayé de mobiliser quelques troupes pour résister à l'invasion, mais elles durent céder devant le nombre. Une bande d'Écorcheurs ayant à sa tête Jean d'Achey (1) et Mongin de Chatillon, attaquait la garnison de Bèze et la forçait à la retraite. Cette garnison comptait dans ses rangs Aimé de Saint-Aubin, Fromont de Saint-Loup, Guiot de Menoul, Nicolas de Buffignécourt, Claude de Vaites, Regnaut de Gy, les bâtards de l'Étang, de Saint-Loup, Jean de Fleurey (2), etc.

Le 12 avril, Saint-Seine (3) et Vitteaux (4), étaient envahis. Vitteaux se rachetait pour 700 livres. Malheureusement ces bandits étaient commandés par des gentilshommes, et la noblesse ne craignait pas d'entrer en relations avec eux, pour sauvegarder ses biens et ses châteaux.

Au mois de mai 1439, Et. de Salins, Jaques de Rochefort et Jehan Poinsot furent désignés par le duc, pour informer *« con-« tre les féaux qui ont pactisé avec les ennemis, les ont reçus dans « leurs maisons, et les ont conduits à travers le pays »*.

Il faut dire que ceux qui ne se rachetaient pas du pillage et de l'incendie voyaient leurs terres dévastées complètement.

Les Écorcheurs se dirigeaient vers la Saône pour pénétrer dans la Bresse. Le gouverneur prévenu de leurs intentions convoqua à Châlon, pour le 1er mai, les milices disponibles, et se jeta à leur poursuite. Il les atteignit à Saint Gengoux (5), près de la rivière de Grosne. La victoire fut complète, et les fuyards furent jetés dans la Saône, tellement que la rivière regorgeait de cadavres, suivant le témoignage d'Olivier De la Marche (6). Mais il s'en échappa cependant, qui se rendirent dans le

---

(1) Jehan d'Achey est le seul gentilhomme comtois dont le nom figure dans les chefs d'Écorcheurs. Les grandes compagnies du XIVe siècle, au contraire, étaient conduites par les Sauvigney, les Igny, les Beaujeu associés aux Chauffour, et aux Corgirnon, seigneurs lorrains, leurs parents

(2) Tous ces écuyers étaient comtois.

(3) Saint-Seine-l'Abbaye, chef-lieu de canton, arrondissement de Dijon (Côte-d'Or).

(4) Vitteaux, chef-lieu de canton, arrondissement de Semur (Côte-d'Or), appartenait alors à Jehan de Châlon Arlay, dont la fille Marguerite était mariée à Jean de Bauffremont, seigneur de Mirebeau, celui-là même qui avait confié 738 fr. aux Cordeliers de Gray.

(5) Saint-Gengoux, chef-lieu de canton, arrondissement de Mâcon (Saône-et-Loire).

(6) Olivier De la Marche, né en 1426 à Lamarche-sur-Saône, canton de Pontailler, arrondissement de Dijon, est mort en 1502. Il était capitaine des gardes de Charles le Téméraire. Il a laissé des mémoires qui vont de 1435 à 1492.

Màconnais. Peu après, le bâtard de Bourbon insultait Dijon, avant de gagner l'Auxerrois et de retourner dans la Lorraine.

Au mois d'octobre, le duché était de nouveau menacé.

C'est le 2 novembre de cette année 1439 que le roi, à la suite de la réunion des États Généraux, à Orléans, rendit la fameuse ordonnance qui instituait l'armée permanente (1). C'était une révolution dans les mœurs militaires, mais il fallait attendre quelques années avant de lui voir produire son effet; car un état de choses aussi invétéré qu'était l'habitude du pillage chez les gens de guerre ne pouvait disparaître que lentement. On peut même dire que le mécontentement produit par cette ordonnance amena une recrudescence dans les courses des Écorcheurs, comme si on avait porté une atteinte illégale à leurs privilèges.

Le 15 novembre le bruit courait qu'ils devaient venir en Bourgogne, et le gouverneur prévenait la noblesse de rassembler le plus de gens d'armes possible, et de se tenir prête à partir au premier signal. Vers Noël, le connétable de Richemont avait réuni un grand nombre de Routiers, pour reprendre sur les Anglais la ville d'Avranches (2). Mais au commencement de février 1440, Jean de Fribourg avait de nouveau des craintes pour la Bourgogne. Les bandes traversèrent même les bailliages de Semur et de Châtillon pour se rendre dans le Barrois et la Lorraine, où la surveillance était moins grande.

Le 13 février, c'était le tour de Tonnerre et d'Avallon, et l'ennemi s'était approché jusqu'à quatre heures de Dijon.

Le 19, on recevait avis que La-Charité et Cosne, dans le Nivernais, avaient reçu la visite du bâtard de Bourbon, qui marchait à la tête de 8.000 chevaux.

Quelques jours après, il était en Lorraine, où il s'emparait de La Mothe (3) qu'il rendit ensuite à prix d'argent, non sans avoir mis tout le Bassigny à contribution.

---

(1) L'essai s'appliquait seulement à la cavalerie, et il était créé quinze compagnies de cent hommes d'armes. Le Roi se réservait le droit de nommer les capitaines et de fixer les garnisons. Il interdisait, sous les peines les plus sévères, d'usurper le titre de capitaine, et il faisait retomber sur les chefs la responsabilité de la conduite de leurs hommes, qu'ils devaient empêcher de piller les gens d'Eglise, marchands, laboureurs, sous peine de *perdre titre, noblesse, corps et biens.*

(2) Avranches, chef-lieu d'arrondissement (Manche).

(3) La Mothe, ancienne place forte du duché de Lorraine, sur un monticule isolé

Il était alors descendu vers la Bourgogne, quoique la duchesse de Bourbon (1) elle-même eût cherché à l'en dissuader par des lettres pressantes. Jean de Vergy, envoyé à sa rencontre, eut la gloire de lui infliger une sanglante défaite sous les murs de Langres, et de lui tuer 120 hommes. Les conséquences étaient faciles à prévoir, et ne devaient pas se faire attendre. Le bâtard de Bourbon appela d'autres capitaines, et ayant pour lui le nombre, il refoula ses adversaires jusqu'à Gray, dont il s'empara. En passant, il avait rançonné la châtellenie de Ray, et probablement en échange d'une forte contribution, il avait laissé une lettre de sauvegarde en date du 12 mars 1440, et dont la valeur était sans doute illusoire. Il prenait sous sa protection « les villages de Vannes, Tencey, Membrey, Vaites, Cha-« rentenay, Theuley, Lavoncourt, Mont-Saint-Léger et Renau-« court (2), ensemble tous les habitants, manans avec leurs « biens, bestiaux gros et menus. Il défendait à sa compagnie de « se loger dans ces villages et de faire déplaisir aux habitants, « et enjoignait de les laisser pâturer, labourer, aller et venir « et faire leurs besoignes accoutumées (3) ».

Combien de temps dura l'occupation de Gray? Elle fut certainement très courte, car Jehan de Vergy, après s'être retiré derrière la Saône, avait rallié toute la noblesse comtoise à Bucey-les-Gy (4), où il était le 9 mars (5). Il avait alors repris l'offensive, et le bâtard de Bourbon avait dû se replier lui-même précipitamment et abandonner le pays.

---

de 506 mètres d'altitude, dépendait du village d'Outremécourt, canton de Bourmont, arrondissement de Chaumont (Haute-Marne). La Mothe commandait toute la région : elle joua un rôle important dans les guerres de 1636 à 1644, mais elle fut prise et détruite dans cette dernière année.

(1) Au Moyen-Age, les bâtards étaient élevés dans le château, ou à la Cour, et on les considérait comme de la famille. Les enfants légitimes les traitaient de frères et leur faisaient des legs par testament. Rien d'étonnant que la duchesse écrive à Guy de Bourbon.

(2) Ces villages constituaient la châtellenie de Ray. Ils sont tous du canton de Dampierre-sur-Salon, excepté Charentenay qui est du canton de Fresne-Saint-Mamès.

(3) Voir aux Preuves nº 2.

(4) Bucey-les-Gy, canton de Gy, dont il est éloigné de deux kilomètres, est sur la route de Gray à Vesoul par Gy et Fretigney, la seule qui existât à cette époque. En s'installant à Bucey, Jehan de Vergy occupait un point stratégique important, car il était à égale distance (22 kilomètres) de Gray et de Ray. Il pouvait arriver à Ray par la voie romaine de Langres à Besançon par Seveux, qui est toujours restée praticable.

(5) Bibliothèque nationale, nouv. acquisitions françaises ; 1037, fº 198.

Peu après on le voit dans le Nivernais, puis autour d'Orléans.

Au mois de juillet les Routiers paraissent reprendre le chemin de la Bourgogne. Avallon, Autun, Mâcon, Dijon, ont des craintes tour à tour. Un autre corps de 5 à 6.000 hommes a pris position entre Sens et Montereau.

Vu la gravité des circonstances, les vassaux du duc sont convoqués pour marcher au premier signal (1).

A ce moment, un souffle d'énergie passe sur la Bourgogne : on court sus à tous les gens d'armes étrangers et sans aveu qui sont sur les chemins, et on les *justicie* promptement et impitoyablement. Le 28 mars 1440, Girard Maréchal, procureur du duc, s'était emparé de 18 à 20 Écorcheurs dans les faubourgs de Dijon, à l'auberge de Thibaut Lallement. Il les fit conduire en prison, et le 5 avril, après un jugement qui les condamnait à la peine de mort, ils furent attachés ensemble et noyés dans l'Ouche (2), entre 9 et 10 heures du soir. Ils avaient été trouvés possesseurs de 143 francs, que l'on confisqua avec les chevaux, en prélevant 40 sols, pour les quatre Cordeliers qui avaient assisté leurs derniers moments.

Les Écorcheurs s'éclipsèrent un instant; mais on les revit à la fin de décembre. Le journal d'un bourgeois de Paris raconte ainsi leurs exploits : « en cette année furent les Écorcheurs en « Bourgogne, et en une grant court [(3) du pays mirent toutes « les bestes à corne comme vaches, bœufs qui laboraient aux « champs, quils povaient trouver, sans les bestes à laine et « pourceaulx et autre bétail, et tous firent mourir de faim « parce qu'ils furent trop sans manger; et fut pour ce que les « gens du pays ne purent payer si grant rançon qu'ils deman- « daient (4) ».

Cependant devant les plaintes qui s'élevaient de toutes parts, le roi Charles VII s'était décidé à sévir.

Au mois de janvier 1441, il était à Troyes avec une armée importante, et des actes de justice signalaient sa présence et la

---

(1) Voir aux Preuves n° 3.
(2) L'Ouche est la rivière qui passe à Dijon.
(3) *Court*, que nous écrivons aujourd'hui cour, vient du mot *curtil* qui désignait plutôt un verger, c'est-à-dire un espace plus grand que la simple cour.
(4) Bibliothèque nationale : *Manuscrit français*, 10145, f° 240. Col. MICHAUD, t. III, page 287, col. 1.

fermeté de ses intentions. Le bâtard Alexandre de Bourbon (1), qui peu auparavant avait pillé la ville de Mussy-l'Evêque, fut jugé à Bar-sur-Aube, enfermé dans un sac et jeté dans la rivière. Quelques capitaines eurent la tête tranchée, et un certain nombre de simples routiers furent pendus. Cela produisit immédiatement un excellent effet, car Robert de Sarrebruck vint demander grâce, en apportant au souverain *25.000 florins* et les clefs de son château de Commercy.

Charles VII était alors devenu le roi énergique et sage. On le voit, peu après, à Langres, terminer le différend entre le comte de Vaudémont et René d'Anjou, au sujet de la Lorraine. Il emmena ensuite avec lui, en Normandie, la plus grande partie des compagnies, pour combattre les Anglais.

L'année 1441 n'était pas écoulée que les Écorcheurs avaient reparu. Ils visitaient plus spécialement le Nivernais et les environs d'Avallon et de Tonnerre; mais ils y subissaient de graves échecs de la part de Thibaut de Neufchâtel, sire de Blammont (2), qui avait succédé à Jean de Fribourg comme gouverneur général, et dont le bouillant courage ne devait pas faiblir un seul instant (3).

Cependant cela n'avait pas mis un terme aux désordres, car au commencement de 1442 les ducs de Bourgogne, de Bretagne, d'Orléans, d'Alençon, de Nevers, les comtes de Dunois et

---

(1) Il y avait deux bâtards de Bourbon, Alexandre et Guy. C'est ce dernier qui vint le plus souvent en Bourgogne. Ce n'est pas seulement pour les méfaits de sa vie de routier qu'Alexandre fut traité avec cette rigueur inflexible. Il avait participé à la révolte du Dauphin, connue sous le nom de Praguerie, 1440.

(2) Il y avait deux maisons de Neufchatel: celle de Neufchatel en Suisse, ou Neuchatel sur le lac, et la maison de Neufchatel en Bourgogne, qui avait son fief principal à Blammont (Doubs), et qui était considérée comme une branche cadette de la première. En effet, elle portait de gueules à la bande d'argent, et les armes du comté de Neufchatel étaient de gueules à la bande d'or.

Thibaut IX de Neuchâtel en Bourgogne, sire de Blammont, créé Maréchal le 11 août 1443 ( Ed. Clerc, t. ii, p. 463, note 3) était fils de Thibaut VIII et d'Agnès de Montfaucon-Montbéliard, dame de Marnay et d'Orbe. Il était marié à Bonne de Châteauvillain, fille de Bernard qui n'avait pas suivi son frère Guillaume dans les rangs français et était resté fidèle au duc de Bourgogne. Guillaume de Châteauvillain étant mort sans enfant en 1439, Bernard était devenu seigneur de Grancey et avait donné à sa fille les terres de Selongey, Boussenois, Varennes qui en dépendaient. (Jolibois: *La Haute-Marne*, page 117, col. 1).

(3) Thibaut de Neufchâtel était cependant d'une frêle constitution qu'il tenait de sa mère. On l'appelait le maréchal *Bossu*. (Ed. Clerc : *Essai sur la Franche-Comté*, t. ii, p. 458, 469).

d'Étampes, réunis à Nevers, adressaient au roi des remontran-
ces pressantes.

Ils réclamaient l'exécution des ordonnances royales, *c'est-à-
dire la solde des capitaines en service et leur installation dans
des garnisons désignées, pour, par ce moyen, les empêcher de
vivre sur le peuple.* Ils demandaient la répression sévère de
ceux qui, payés, n'en continuaient pas moins leurs ravages
dans les provinces. Une autre réclamation tout aussi importante avait trait au renvoi et à l'exclusion des compagnies *de
tous les gens de métier et laboureurs, qui n'avaient de soldats
que le nom, et ne connaissaient de la guerre que le pillage et les
extorsions d'argent* (1).

Pour répondre à ces doléances, Charles VII avait, au mois de
juillet 1442, emmené en Guyenne tout ce que ses finances lui
permettaient d'assembler de troupes.

La Bourgogne avait cru pouvoir respirer pendant quelque
temps ; mais au mois de janvier 1443, le Charollais était menacé
et le Lyonnais envahi. *On traita encore à prix d'argent.* Pendant ce temps, Mâcon était dans la plus vive inquiétude, à cause
du passage d'Anthoine de Chabannes venant du Puy avec 4.000
chevaux, pour venger son frère Jacques d'une *détrousse* que lui
avait infligée Jean de Granson, seigneur de Pesmes (2). Celui-ci
avait pillé le château de Montaigu-le-Blanc (3) et emmené prisonnier le fils aîné de Jaques de Chabannes, pour le punir d'une
tentative, à la tête de ses bandes, sur le château de Pesmes,
quelque temps auparavant.

Au mois de septembre, les Gens des Comptes de Dijon étaient
avisés que les compagnies avaient pris Saint-Florentin (4), et
qu'elles descendaient vers le Mâconnais. Une défaite leur fut
infligée par le Maréchal ; mais la joie fut de courte durée, car
les ennemis étaient bientôt aux portes de Dijon, à Saulx-le-

---

(1) Les grandes compagnies du XIVᵉ siècle avaient aussi dans leurs rangs et à leur
suite des gens de tous métiers « *mauvais Français qui étaient appovris par les
guerres et si volaient se recovrer* » (Froissard : chap. C XL II).

(2) Pesmes, chef-lieu de canton, arrondissement de Gray (Haute-Saône), appartenait aux Granson depuis le commencement du XIVᵉ siècle, par le mariage de Jeanne
de Pesmes avec Othe de Granson, en 1324.

(3) Ed. Clerc, t. ii, p. 502. Olivier de la Marche, ch. V, page 373, col. 1 et 2.
(Collection Michaud).

(4) Saint-Florentin, chef-lieu de canton, arrondissement d'Auxerre (Yonne).

Duc (1), Is-sur-Tille, Vergy (2), Savigny (2). Le gouverneur se trouvait sur les confins du Barrois et de la Lorraine : il fut rappelé en toute hâte.

En attendant, le Conseil ducal envoya, de son initiative, Thierry de Charmes, capitaine de Dijon. pour signifier aux Écorcheurs d'avoir à vider le pays. Thierry de Charmes (4) remplit sa mission en conscience et avec toute la célérité désirable, emmenant avec lui un notaire pour *dresser la sommation*, et plusieurs gentilshommes pour la remettre personnellement aux intéressés (5).

Thibaut de Neufchâtel arriva sur ces entrefaites, et obtint la levée de 200 hommes d'armes pour protéger les points menacés. Ces gentilshommes étaient requis *pour quinze jours*, et leur paye fut élevée *à 15 francs* par mois, *au lieu de 12 fr.* qu'ils recevaient ordinairement.

Le compte de Jean de Visen nous apprend qu'on donna 1600 francs pour ces quinze jours. La revue eut lieu à Châlon, à la fin de février.

Néanmoins, Mâcon dut payer 540 fr. pour éloigner les Écorcheurs. Peu après Clamecy (6) tombait en leur pouvoir, et n'était délivré qu'après le versement de l'énorme rançon de 10.000 saluts d'or.

*<sub></sub>*

Une trêve, qui devait se prolonger jusqu'au 1er avril 1446, venait d'être conclue le 28 mai 1444, entre les rois de France et d'Angleterre, lorsque le duc Frédéric d'Autriche (7) réclama le secours de Charles VII contre les Cantons Suisses.

---

(1) Saulx-le-Duc, canton d'Is-sur-Tille, arrondissement de Dijon (Côte-d'Or).

(2) Vergy, commune de Reulle-Vergy, canton de Gevrey-Chambertin, arrondissement de Dijon.

(3) Savigny-sous-Beaune, canton et arrondissement de Beaune (Côte-d'Or).

(4) Thierry de Charmes était le beau-frère de Jean de Saint-Loup, dont il a été parlé plus haut. Il avait épousé sa sœur Anne. Deux sœurs de Thierry de Charmes, Catherine et Marguerite, mariées l'une après l'autre à Jehan de Beaujeu, ont été inhumées dans l'église de Beaujeu, où se voit encore leur tombe.

(5) Bibliothèque nationale : col. Bourgogne, т. XXIII, fᵒ 37. Voir J. DE FRÉMINVILLE.

(6) Clamecy, chef-lieu d'arrondissement (Nièvre).

(7) Frédéric V duc d'Autriche, avait été élu empereur en 1440, à la mort d'Albert II. Mais c'était comme duc d'Autriche qu'il avait fait alliance avec la ville de Zurich, alors séparée des autres cantons suisses.

Le roi s'empressa de profiter de l'occasion qui lui était offerte d'éloigner les gens de guerre, suivant l'exemple donné au siècle précédent par son grand-père Charles V; qui envoya les grandes compagnies en Espagne, sous les ordres de Duguesclin.

Le Dauphin, qui n'était autre que le futur Louis XI, avait l'humeur remuante. Quatre ans auparavant il avait fait la Praguerie (1). En 1438, il avait été gouverneur du Languedoc, et c'est sur son initiative que Toulouse avait versé 2000 écus d'or à Villandrando, et 1000 au bâtard Guy de Bourbon. On lui donna le commandement de l'armée, avec trois gouverneurs pour lui servir de Conseil (2).

La concentration eut lieu à Langres, au commencement de juillet. Le Dauphin y était le 20. Il avait promis de respecter la Bourgogne ; mais à peine arrivé, il détachait 2000 hommes pour mettre soi-disant à la raison le bâtard de Vergy, et prendre Richecourt (3), Darney, Vauvillers (4), Passavant (5), sur la frontière du comté.

Aussi voit-on un grand déploiement de forces bourguignonnes. On avait d'abord rassemblé 400 hommes d'armes. On en convoqua 200 autres qui furent passés en revue le 4 août (6), à Citey-les-Gy, et devaient surveiller les mouvements de l'armée française. Pour subvenir à ces dépenses imprévues, il fallut aller à Genêve emprunter 12.000 francs.

Le Dauphin, arrivé à Luxeuil le 8 août, demandait passage pour ses troupes par le comté de Bourgogne. Mais celles-ci n'attendirent pas la réponse, et le pays fut mis au pillage (7),

---

(1) La Praguerie, ainsi nommée en souvenir du soulèvement des Hussites dans la ville de Prague en 1419, était la révolte des grands seigneurs Charles et Louis de Bourbon, Jean d'Alençon, la Trémoille, Dunois, etc. qui ne pouvaient pardonner à Charles VII ses ordonnances d'Orléans sur la nouvelle organisation de l'armée. On devait s'emparer du roi et proclamer le Dauphin Louis à sa place.

(2) TUETEY, T. I, p. 159.

(3) Richecourt, dépendances d'Aisey, canton de Jussey, arrondissement de Vesoul (Haute-Saône).

(4) Vauvillers, chef-lieu de canton, arrondissement de Lure.

(5) Passavant, canton de Jussey, arrondissement de Vesoul.

(6) Voir aux Preuves, nº 4, la liste complète des chevaliers et écuyers.

(7) Voir les détails dans TUETEY, T. I, p. 188 et suivantes, ou dans l'original aux *Archives de la Côte-d'Or*, B. 11881. Plus de vingt villages, sans compter Luxeuil et ses faubourgs, furent exploités et ruinés par tous les moyens imaginables, et avec

pendant que le conseil ducal se réunissait à Auxonne, puis à Gray et enfin à Beaune. Pour disposer le Dauphin en sa faveur, le Duc lui avait envoyé un présent de dix mille écus d'or, non compris 3.500 à répartir entre ses lieutenants. Il comptait sans doute par ce moyen obtenir d'eux des ménagements pour ses sujets. Les faits démontrent que son espoir était peu fondé. L'objectif de l'armée du Dauphin était Montbéliard, qui devait servir de base à ses opérations. Les frères Louis et Ulric de Virtemberg cédèrent cette ville pour dix-huit mois, par un traité régulier.

Après avoir pris possession de Montbéliard, où il laissa une garnison, le Dauphin se dirigea sur Bâle, et défit sous les murs de cette ville, à Saint-Jacques, le 26 août 1444, une colonne de 12 à 1400 Suisses qui fut écrasée sous le nombre, mais fit payer chèrement la victoire. Si la petite armée fut complètement anéantie, les Écorcheurs laissèrent 7 à 8.000 hommes sur le champ de bataille.

A la suite de cette rencontre, l'armée du Dauphin marcha sur Zurich, dont les Suisses levèrent précipitamment le siège pour se retirer dans les montagnes.

Par l'intermédiaire des prélats réunis au Concile de Bâle, une trève de 20 jours fut signée le 20 septembre, et la paix conclue le 28 octobre, à Ensisheim. Les Écorcheurs remontèrent alors vers la Forêt Noire, et le duc d'Autriche, délivré de ses inquiétudes, aurait bien voulu être débarrassé du Dauphin et ne pas remplir ses promesses, entre autres celle de fournir des quartiers d'hiver. Mais le fils de Charles VII n'était pas homme à se laisser duper, d'autant plus qu'il savait que le véritable but de l'expédition qu'il commandait était de maintenir le plus longtemps possible hors de France, le fléau qui la ruinait depuis près de dix ans. Il profita donc de la mauvaise foi des Allemands pour traîner les négociations en longueur, et il laissa petit à petit envahir l'Alsace, qui dut subir la présence des Écorcheurs avec toutes ses conséquences.

---

une férocité inouïe. Une particularité qui se renouvela dans l'invasion allemande de 1870 : les abeilles furent presque toutes détruites sur le passage des Écorcheurs. Ils prenaient le miel et abandonnaient ensuite les ruches brisées. (Voir aux Preuves, n° 5).

Voici ce qu'un témoin oculaire, le Commandeur d'Issenheim, dit de la conduite des Écorcheurs en Alsace : « J'ai vu et en-« tendu raconter des actes de cruauté et d'atrocité comme ja-« mais personne n'en a vu ni entendu, et il serait impossible de « se figurer les genres de supplices auxquels ils soumettent les « pauvres gens qu'ils tiennent en leurs mains ; tout mon corps « en frémit chaque fois que cela me revient en mémoire (1) ».

Bientôt, comme d'un vase trop plein qui déborde, les bandes se répandaient sur la rive droite du Rhin, dans le Palatinat. Les provinces rançonnées et pillées avaient porté leurs plaintes auprès de l'empereur, Frédéric d'Autriche. Celui-ci chercha à organiser la résistance, et le 2 octobre 1444, il appelait Louis de Bavière, comte palatin du Rhin, au commandement des troupes destinées à opérer contre les *Armagnacs*. Mais avant d'employer la force, on pensa à négocier, et des pourparlers commencèrent à la fin de 1444, pour amener l'évacuation de l'Alsace. Le 21 décembre, les archevêques de Cologne et de Trêves se rencontrèrent dans cette dernière ville avec les conseillers de Charles VII.

On tomba d'accord en principe ; mais quand il s'agit de l'exécution, ce fut une autre affaire. C'est que le roi de France avait un compte à régler avec le comte palatin, son oncle maternel.

C'était Louis de Bavière, le barbu, frère de la reine de France, Isabeau de Bavière, et l'un de ceux qui exercèrent sur cette funeste reine la plus détestable influence. Il avait reçu de sa sœur, en 1410, 57.000 florins d'or pour lui acheter 6.000 florins de rente sur diverses terres et villes du pays de Bavière, et il oubliait de payer les arrérages (2).

Les choses finirent par s'arranger, car le 13 février, était signé à Trêves, entre l'oncle et le neveu, un traité de paix qui réglait en même temps l'évacuation de l'Alsace.

Mais pendant ce temps, les populations s'étaient armées. Elles ne cessaient de harceler l'ennemi, et lui faisaient subir des per-

---

(1) Lettre du commandeur d'Issenheim aux bourgeois de Strasbourg. *Archives de la ville de Strasbourg* ; correspondance politique AA. 183. (TUETEY, T. I, page 211, note 2).

(2) TUETEY, T. I, p. 269.

tes importantes. D'après le Père Laguille (1), les historiens
« allemands évaluent à dix mille le nombre des *Armagnacs*
« exterminés par les habitants, soit dans des combats livrés à
« de faibles détachements, soit dans des rencontres plus sérieu-
« ses. Mais de toutes les villes d'Alsace, celle qui portait aux
« *Armagnacs* les coups les plus terribles était la ville de Stras-
« bourg, grâce à sa milice bourgeoise bien organisée, grâce
« aussi aux nombreux *mercenaires* qu'elle entretenait à sa
« solde ». (2).

Des faits d'armes glorieux eurent lieu à Geispolsheim le 5
novembre, à Marlenheim le 17 décembre et à Ilkirch (3) le 15
janvier 1845. Dans cette dernière affaire, trois des principaux
chefs des Écorcheurs furent faits prisonniers et durent payer
une rançon de 21.000 florins (4).

Mais la plus sanglante défaite que les milices alsaciennes
infligèrent aux Écorcheurs, eut lieu dans le val de Liêpvre,
défilé où passe la route de Schlestadt à Saint-Dié.

Le 18 mars, une troupe de 8.000 à 10.000 chevaux formant
les effectifs de la basse Alsace s'était formée en trois colonnes
pour franchir le défilé. La colonne de l'arrière-garde comprenait l'élite de la troupe, avec tous les personnages de distinc-
tion. Lorsqu'elle fut arrivée près de Sainte-Croix-aux-Mines, à
un endroit rétréci où deux cavaliers pouvaient à peine passer
de front, elle fut attaquée par 500 volontaires déterminés,
obéissant à la voix de quatre chefs, l'un de Strasbourg, un autre
de Ville, un troisième du Ban de la Roche et le dernier de
Schlestadt. « Quatre cent seize chevaux, trois bannières dé-
« ployées, sans compter la grande bannière royale et beaucoup
« d'étendards dans leurs fourreaux, restèrent entre les mains
« des vainqueurs et furent suspendus aux voûtes de l'église de
« Schlestadt. Ils ramenaient en outre neuf pièces de campagne
« et tout un convoi de voitures chargées de matériel de guerre,
« une immense quantité de vaisselle précieuse et *soixante mille*
« *florins d'argent monnayé* » (5).

---

(1) *Histoire d'Alsace*, page 340.
(2) Tuetey, t i, p. 306, 350.
(3) Ces localités sont dans les environs de Strasbourg.
(4) Tuetey, t. i, p. 316. Ce chiffre prouve quel riche butin ils avaient su amasser.
(5) Tuetey, t. i, p. 332.

Si dans la basse Alsace les Écorcheurs se heurtaient contre une résistance énergique et trouvaient dans la ville de Strasbourg un champion redoutable, il n'en était pas de même dans la Haute-Alsace et le Sundgau, c'est-à-dire les territoires de Belfort, Ferrette, Thann et Huningue. Les habitants de Thann et de Massevaux (1) avaient bien essayé de réclamer des secours, mais les ducs d'Autriche les avaient abandonnés à leurs propres ressources, et les rencontres avec les Écorcheurs n'avaient pas toutes été heureuses. Les habitants du baillage de Ferrette n'échappèrent à l'incendie qu'en versant 5.000 florins (2).

Un des articles du traité de paix, signé à Trèves le 13 février, décidait l'évacuation immédiate de l'Alsace par les troupes du Dauphin ; mais ce malheureux pays ne devait pas être ainsi débarrassé de ses terribles hôtes.

« Prenant au contre-pied de la lettre, et comme à dessein, les « dispositions consenties et arrêtées à Trèves, ils pillèrent de « plus belle et saccagèrent le pays avec une nouvelle fureur, « voulant tirer parti de leurs derniers instants. Ils mirent le « feu partout et, avec leurs menaces d'incendie, ils arrachèrent « aux populations le plus d'argent possible » (3).

Et cependant, lors de leur séjour en Alsace, les Écorcheurs recevaient une solde régulière. Par une ordonnance rendue à Nancy, le 9 janvier 1445, le roi prescrivait la levée sur les pays de la Langue d'*Oïl* d'une contribution de trois cents mille francs, « pour le soudoiement et l'entretenement hors du royaume « d'iceux gens de guerre, en considérant que *trop plus grevable* « *serait* au royaume et à ses sujets le retour des gens d'armes « et la continuation de leurs exploits accoutumés » (4).

*<sub>*</sub>*

Cependant il fallait se décider à partir. A la fin de février, ceux de la Haute-Alsace se dirigèrent vers Montbéliard, qui était le centre de ralliement. Cette ville avait conservé une garnison de 2.000 hommes, qui n'avait pas cessé un instant ses

---

(1) Toutes ces villes appartenaient alors aux ducs d'Autriche.
(2) TUETEY : T. I, p. 335.
(3) TUETEY : T. I, p. 327.
(4) TUETEY : T. I, p. 307 et note : *Archives nationales* : section historique, K. 68, n° 9.

exactions, de sorte que le pays était ruiné et dans l'impossibilité d'entretenir une véritable armée, à plus forte raison de satis-
faire à ses besoins de rapines. D'un autre côté, le Maréchal avait
mis des garnisons non-seulement à Granges (1), Héricourt (2),
Montjustin (3), mais encore à Blammont (4), Vaucluse (5), Belvoir (6), Passavant (7) du côté de la montagne, à Clerval (8),
et Lisle (9) sur les bords du Doubs ; et ces places frontières
formaient autour de Montbéliard comme une ceinture de forti-
fications. Avec le faible contingent dont il disposait, le Maréchal avait fort à faire pour empêcher les courses des bandes
isolées, courses qui après l'évacuation de l'Alsace, *au mois de
mars 1445, prirent une extension inusitée.* Le duc de Bourgogne
s'était adressé au roi Charles VII, qui avait envoyé l'ordre de
respecter la Bourgogne ; mais pendant l'échange de cette correspondance, et pendant que le Conseil ducal délibérait, les
Écorcheurs cherchant à sortir du cercle qui les retenait autour
de Montbéliard, s'élançaient à travers la Comté.

La plus grande partie reprenait sa route par Lure, Luxeuil,
Jussey, Jonvelle ; mais quelques bandes ne craignaient pas de
traverser directement le bailliage d'Amont (10) pour gagner plus
vite le duché, « *où elles avaient l'intention de mal faire.* Les
« faits vinrent confirmer cette nouvelle, car Dijon, Talant,
« Saulx-le-Duc furent échellés » (11).

« Tant que les terres de Bourgogne furent exposées aux
« ravages des Écorcheurs, le Maréchal Thibaut de Neufchâtel
« se tint en permanence à leurs côtés, toujours en éveil et prêt
« à se porter sur le point menacé. Ainsi au mois de décembre
« 1444, on le rencontre à Lisle-sur-le-Doubs, à Passavant ; en

---

(1) Granges, canton de Villersexel, arrondissement de Lure.
(2) Héricourt, chef-lieu de canton, arrondissement de Lure (Haute-Saône).
(3) Montjustin, canton de Noroy, arr. de Vesoul (Haute-Saône).
(4) Blammont, chef-lieu de canton, arr. de Montbéliard (Doubs).
(5) Vaucluse, canton de Maiche, arr. de Montbéliard (Doubs).
(6) Belvoir, canton de Clerval, arr. de Baume-les-Dames (Doubs).
(7) Passavant, canton et arrondissement de Baume-les-Dames (Doubs).
(8) Clerval, chef-lieu de canton, arrondissement de Baume.
(9) Lisle-sur-le-Doubs, chef-lieu de canton, arr. de Baume.
(10) La Franche-Comté était divisée en trois bailliages : Amont, Aval et Dôle. Le
bailliage d'Amont comprenait ce qui constitue le département actuel de la Hᵗᵉ-Saône.
(11) DE FRÉMINVILLE, p. 195.

« janvier 1445, à Clerval et à Blammont, *en mars à Gray* (1), à
« Blammont, à Passavant ; en avril, à Lisle, à Rougemont (2),
« à Besançon, à Faverney (3), à Port-sur-Saône (4) ». (TUETEY,
T. I, p. 347).

Donc Gray était menacé vers le 11 mars, et il avait fallu ce
puissant motif pour décider le Maréchal à quitter les environs
de Montbéliard, où se trouvait le gros des forces ennemies.

Que se passa-t-il ? Les lettres du Maréchal à la Duchesse et
au Conseil, et les autres documents de l'époque sont muets à
cet égard ; et ils n'eussent pas manqué de mentionner un échec
du Maréchal. Quant aux défaites qu'il infligea aux Routiers,
elles n'ont pas été toutes enregistrées. Dans tous les cas, son
ardeur avait été sans aucun doute excitée par une victoire, car
à la fin du mois, on le voit poursuivre une véritable armée
d'Écorcheurs.

Le 29, il les atteignait près d'Altkirck. « Ses Bourguignons,
« lances baissées, au cri de « *Neufchâtel* », donnèrent tout à
« travers. Il ne fut pas fait de quartier. Quatorze cents regagnè-
« rent Montbéliard avec peine et le reste, soldats et chefs, resta
« sur le champ de bataille, ou accrochés à des lances moult
« haut.

« Au mois d'avril ces fuyards et toute l'armée des Écorcheurs
« se rassemblent sur la frontière au nord du comté, vivant, disait-
« on, au nom du roi, aux despens de la Bourgogne. Ils pillèrent
« les villages depuis Jonvelle et Jussey jusqu'à Champlitte. Une
« seule bande de 700 compagnons, trompant un instant les
« efforts du Maréchal, pénétra de quelques lieux à l'inté-
« rieur » (5).

Une des dernières expéditions des Routiers venant de Montbéliard fut celle d'Arnaud-Amanieu d'Albret, qui, au mois de
juillet 1445, traversa la Bourgogne avec sa compagnie, et vint
porter ses ravages jusque dans le Mâconnais.

✳

(1) « Le XI mars mil CCCC XL IIII (v. s.) à Jehannin Viard 10 s, tournois pour un
voiage d'avoir esté de Dijon au lieu de Gray-sur-Saône porter lettre de par M^rs du
Conseil de mondit seigneur le duc à M. le mareschal estant lors audit lieu de Gray. »
(Compte DE JEAN DE VISEN : *Archives de la Côte-d'Or*, B. 1693, f° 16).
(2) Rougemont, chef-lieu de canton, arr. de Baume-les-Dames (Doubs).
(3) Faverney, canton d'Amance, arr. de Vesoul (Haute-Saône).
(4) Port-sur-Saône, chef-lieu de canton, arrondissement de Vesoul (Haute-Saône).
(5) ED. CLERC : *Essai sur l'Histoire de la Franche-Comté*, T. II, p. 466.

J'ai cherché, en abrégeant autant que possible, à donner l'histoire complète des incursions des Écorcheurs dans les deux Bourgognes et dans les provinces voisines. Il me reste maintenant à examiner de plus près ce qui, dans cet exposé, peut se rapporter à mon sujet, et par conséquent je dois appeler l'attention sur les événements suivants :

A. — Mars 1440 ; Occupation de Gray et de la chatellenie de Ray par le batard de Bourbon.

B. — Aout 1444 : Concentration de deux cents hommes d'armes, et leur revue a Citey-les-Gy.

C. — Mars 1445 : Présence de Thibaut de Neufchatel a Gray, par suite de la marche dans cette direction d'une troupe d'Écorcheurs qui a voulu traverser le bailliage d'Amont, pour gagner plus vite Dijon.

D. — Avril 1445 : Invasion de 700 routiers a quelques lieues dans l'intérieur de la Comté.

E. — Juillet 1445 : Passage a travers la Bourgogne d'Arnaud Amanieu d'Albret qui se dirige sur le Maconnais.

**

A. — Mars 1440 : Occupation de Gray et de la chatellenie de Ray par le batard de Bourbon.

Cet événement qui livrait à l'ennemi le passage de la Saône, et mettait pour ainsi-dire à sa merci le bailliage d'Amont, a dû jeter la panique dans toute la région. L'arrivée de Jehan de Vergy, venant prendre position à Bucey-les-Gy avec la Gendarmerie comtoise, n'était pas faite pour calmer les alarmes, car il y avait tout lieu de craindre que les deux partis n'en vinssent aux mains dans ces parages.

Cela pourrait donc parfaitement expliquer le dépôt dans la terre du trésor de Beaujeu ; mais la présence de florins de l'empereur Frédéric, élu seulement en 1440, fait de suite rejeter cette hypothèse.

**

### B. — 3 Aout 1444 : Levée de deux cents hommes d'armes et leur revue a Citey-les-Gy.

La réunion à Citey (à 15 kilomètres de Beaujeu) de deux cents hommes d'armes, destinés à renforcer l'armée du Maréchal, semble de prime abord avoir une certaine importance.

Pendant quelques jours, les chemins avaient été couverts de cavaliers bardés de fer, le casque en tête, la lance au poing, qui de tous côtés se rendaient au lieu désigné pour la *montre d'armes* (1).

Cela avait produit naturellement une grande émotion dans la contrée et donné plus de consistance aux bruits de guerre qui circulaient depuis quelque temps. Mais l'agitation n'avait pas tardé à diminuer, car l'armée française s'éloignait en marchant sur Bâle, et la petite troupe, une fois la revue passée, s'était dirigée rapidement du côté de Montbéliard.

Par le fait, sa présence avait été une sécurité pour le pays et aurait certainement empêché un ennemi et même un simple étranger, porteur de 600 pièces d'or, de s'aventurer de ce côté.

Quant aux habitants de Beaujeu, si dans le premier moment d'inquiétude ils avaient cru devoir faire disparaître les quelques écus d'or qu'ils pouvaient avoir, il leur avait été facile de trouver une cachette en dedans des murailles du bourg, et ils avaient dû s'empresser de la vider, aussitôt le calme revenu.

*<br>**

### C. — Mars 1445 : Présence du Maréchal a Gray menacé par un parti d'Écorcheurs.

Si les circonstances ne permettent pas de s'arrêter aux deux premières dates, celle-ci, au contraire, offre cela de particulier que tout concorde d'une façon remarquable, et qu'on ne rencontre pas d'objection sérieuse.

---

(1) La première revue passée à l'arrivée, s'appelait la *montre d'armes*, parce qu'on y constatait l'état de l'armure, la valeur du cheval, sa couleur, en même temps qu'on inscrivait les noms et les qualités des chevaliers et écuyers. Les archives de la Côte-d'Or renferment un nombre considérable de ces montres d'armes. On trouvera aux Preuves, n° 4, celle de Citey-les-Gy, avec la liste complète des gentilshommes qui s'y trouvaient.

A la suite du traité signé à Trèves, le 13 février 1445, les Écorcheurs évacuent l'Alsace et regagnent Montbéliard en continuant leurs ravages. Arrivés là, ils cherchent à pénétrer sur les domaines du duc de Bourgogne et ne manquent aucune occasion de molester ses sujets.

Le Maréchal Thibaut de Neufchâtel, à la tête d'un petit corps d'armée, est chargé de défendre la frontière. C'est surtout autour de Montbéliard que la surveillance est le plus néces saire. En outre, le Maréchal a dans les environs ses seigneuries d'Héricourt (1), Lisle (2), Chatelot (3), Blammont (4) constamment en butte aux tentatives (5) des bandes errantes.

Cependant le 11 mars il est à Gray. Pour qu'il se soit éloigné ainsi de son quartier général, il a fallu des circonstances graves. Il a appris, en effet, qu'une troupe importante d'Ecorcheurs a franchi ses lignes et s'avance vers Gray, pour y passer la Saône et essayer d'atteindre Dijon par le chemin le plus court, sans traverser les régions affamées par leurs prédécesseurs. C'était là une tentative qui pouvait avoir pour l'avenir des conséquences funestes, et il était nécessaire de la réprimer au plus vite. Il fallait à tout prix arrêter l'ennemi et l'empêcher de pénétrer au cœur de la province, pour y commettre les dégâts qui avaient signalé le passage de l'armée du Dauphin dans les environs de Luxeuil, six mois auparavant.

Ce qui se passa alors est facile à comprendre.

De Montbéliard à Dijon, le trajet le plus direct est par Rougemont, Montbozon (6), Rioz (7), Gy (8) et Gray.

---

(1) Héricourt, chef-lieu de canton, arrondissement de Lure (Haute-Saône), appartenait à Thibaut de Neufchâtel par sa mère.

(2) Lisle-sur-le-Doubs, chef-lieu de canton, arr. de Baume (Doubs).

(3) Chatelot (Colombier-Chatelot), canton de Lisle-sur-le-Doubs.

(4) Blammont, chef-lieu de canton, arrondissement de Montbéliard (Doubs).

(5) Deux de ces forteresses furent prises et détruites par les Ecorcheurs (Ed. Clerc, t. II, p. 466). Thibaut de Neufchâtel estimait à 40.000 écus d'or les dommages que lui avait causés l'occupation de Montbéliard par les troupes françaises. Il réclamait cette somme aux comtes de Wurtenberg qui avaient consenti à remettre leur ville au Dauphin (Tuetey, t. I, p. 351). Thibaut de Neufchâtel et les comtes de Wurtenberg étaient les cousins germains, car leurs mères étaient sœurs, et filles d'Henri de Montfaucon, comte de Montbéliard. Henriette l'aînée avait eu Montbéliard, et l'avait porté en mariage à Everard de Wurtemberg.

(6) Montbozon, chef-lieu de canton, arr. de Vesoul (Haute-Saône).

(7) Rioz, chef-lieu de canton, arr. de Vesoul (Haute-Saône).

(8) Gy, chef-lieu de canton, arr. de Gray.

Aussitôt prévenu, le Maréchal avait galopé sur les traces des Écorcheurs (1). Comme ils traînaient à leur suite « *tout un fretin de pages, de valets et de femmes* (2) », il n'avait pas eu de peine à les rejoindre. C'était aux environs de Gy, et il s'était précipité sur eux sans leur donner le temps de se reconnaître.

Les bandits n'en étaient plus à compter leurs défaites, et le Maréchal qui « avec ses Bourguignons leur fit tant *d'emprises,* « tant *d'envahies* et par tant de fois que le Dauphin y perdit beaucoup de ses gens », (3) leur inspirait une terreur justifiée. Ils lâchèrent pied au premier choc, laissant un certain nombre de morts sur le carreau. Le reste, poursuivi l'épée dans les reins, gagna les bois qui couvraient, plus encore qu'aujourd'hui, une grande partie du territoire. Un des fuyards était ainsi arrivé dans la forêt de Bellevaivre, où il avait pu faire perdre sa piste. Le soir venu, espérant s'échapper, il avait repris sa marche dans la direction de la Saône, et par le chemin d'Igny (4), après avoir dépassé la chapelle de Sainte-Anne, il s'était trouvé à quelques pas de Beaujeu, en sortant de la partie bordée de haies et en contre-bas des champs voisins.

Là, il avait dû s'arrêter, car le cri d'alarme d'un guetteur (5), signalant sa présence, s'était fait entendre dans la nuit. Il avait alors vu se dresser devant lui les murailles du bourg, et par-dessus, la masse sombre du château et du donjon. N'osant retourner en arrière, craignant d'aller en avant, il avait jeté les yeux à droite et à gauche. A droite, il avait aperçu des habitations où il ne pouvait penser à demander un asile, puis une grande mare remplie d'eau. A gauche, au contraire, s'étendaient

---

(1) Il ne serait pas impossible que le Maréchal, qui se tenait le plus ordinairement à Clerval ou à Lisle-sur-le-Doubs, se fut dirigé par Besançon et Marnay, pour arriver à Gray avant les Ecorcheurs, de façon à leur couper les devants et à les rejeter du côté de Montbéliard. Le combat n'en aurait pas moins eu lieu près de Gy. Seulement, il aurait suivi l'arrivée du Maréchal à Gray au lieu de la précéder.

(2) TUETEY, T. I, p. 151.

(3) ED. CLERC, T. II, p. 464. — Mémoires d'Olivier de LA MARCHE. Col. MICHAUD, chapitre VI, p. 376, col. I.

(4) Ce chemin traverse le territoire de Beaujeu et la forêt de Bellevaivre pour arriver à Igny. Il gagne ensuite Gy, par Angirey et Citey. A droite d'Angirey, on rencontre Sauvigney, puis Saint-Loup et enfin Velesmes, qui se trouve sur la route de Gray à Gy. Ce chemin d'Igny était très fréquenté, car les sires de Beaujeu avaient comme vassaux les seigneurs de Sauvigney et de Citey. Ils relevaient eux-mêmes de l'archevêque de Besançon pour les dismes de Beaujeu, et devaient faire leur hommage au château de Gy appartenant à l'archevêque.

(5) En temps de troubles, les habitants devaient guet et garde de jour *et de nuit.*

dès vignes et des vergers qui lui offraient la possibilité de se dérober. Il n'avait pas l'embarras du choix et son hésitation ne pouvait être longue.

Dans de telles conditions, on comprend qu'il n'ait pas eu le temps de la réflexion, et que, pour sauver son or auquel il tenait au moins autant qu'à la vie, il ait creusé à la hâte (1), de ses mains, peut-être de sa dague, un trou dans lequel il jeta sa bourse, avec l'intention de venir la retrouver peu après. Puis il s'était élancé en avant, cherchant une issue par les ruelles, à travers les jardins. Mais traqué, reconnu, il n'avait pas tardé à être pris ; et après un procès sommaire, son corps était allé rejoindre dans la Saône les cadavres de ses compagnons.

*<br>* *

### D. — AVRIL 1445 : INVASION DE SEPT CENTS ROUTIERS A QUELQUES LIEUES DANS L'INTÉRIEUR DE LA COMTÉ.

Le gros des Écorcheurs quittait Montbéliard, et reprenait son ancienne route par les terres des abbayes de Lure et de Luxeuil. Ils arrivaient à Jonvelle, Bourbonne, Jussey, où ils étaient le 9 avril. Ils étaient même descendus jusqu'à Port-sur-Saône qu'ils brûlaient en partie. Puis ils avaient gagné Champlitte (2), Percey-le-Grand (3) « où ils ont pris tout ce qu'ils ont pu pren- « dre et emporter, et avec ce ont brulé maisons, et emmené « prisonniers (4) ».

Ils avaient ensuite traversé Bèze et étaient arrivés dans les

---

(1) Une circonstance devait lui faciliter son travail. C'est à la sortie de l'hiver, au mois de mars surtout, qu'on fait dans les vignes les fossés dans lesquels on *recouche* les ceps pour le *provignage.* Un trou suffisant, et allant jusqu'à la glaise, pouvait être creusé en quelques secondes, dans la terre nouvellement remuée, au fond d'un de ces fossés. Et comme on ne touche plus à cette terre pour ne pas déranger les nouveaux ceps, et que le fossé est comblé l'année suivante, cela explique la rapidité de l'opération et la profondeur relative à laquelle étaient les pièces. Cela fait comprendre en même temps qu'on ne se soit aperçu de rien, et que le trésor n'ait pas été découvert en ce moment.

(2) Champlitte, chef-lieu de canton, arr. de Gray (Haute-Saône).

(3) Percey-le-Grand, canton de Champlitte.

(4) Lettre du Maréchal à la duchesse. ED. CLERC, T. II, p. 466, note 3.

environs de Dijon à Tilchatel (1), Norges (2), Ruffey et Echirey (3). Le Maréchal avait redoublé d'efforts ; mais une bande de 700 Routiers, trompant sa surveillance, avait pénétré de quelques lieues dans les terres.

De Bourbonne, Jussey et même de Port-sur-Saône à Beaujeu, il y a loin ; et il n'est question nulle part d'une rencontre ou d'une poursuite dans la direction de Gray ou de Beaujeu. Et comme, d'après la lettre du Maréchal, ceux qui pillaient Champlitte et Percey-le-Grand étaient justement au nombre de 700, c'est sans doute à cette bande que Ed. Clerc a voulu faire allusion. Mais elle était sur la rive droite de la Saône, et on sait qu'elle se dirigeait sur Dijon. Elle n'a donc pas pu rétrograder pour passer sur la rive gauche et pénétrer sur le territoire de Beaujeu.

*<sub></sub>*

### E. — Juillet 1445 : Passage a travers la Bourgogne d'Arnaud Amanieu d'Albret, qui gagne le Maconnais

Ici encore, il n'y a rien qui puisse faire supposer qu'il y ait eu quelque chose d'extraordinaire autour de Gray, et surtout que ce capitaine se soit aventuré dans la Comté, en suivant la rive gauche de la Saône.

C'est que les rudes leçons que le maréchal Thibaut de Neufchâtel avait infligé aux Écorcheurs les avaient rendus prudents ; et il y a tout lieu de croire que la colonne en question avait, comme presque toutes les autres, gagné les provinces françaises par Lure et Luxeuil, suivie parallèlement par le Maréchal. Ce n'est que quand elle a été débarrassée de cette surveillance, qu'elle a incliné vers le duché pour le traverser. Du reste, elle n'a guère fait parler d'elle que dans les environs de Charolles et de Paray-le-Monial, où deux de ses chefs furent arrêtés et faits prisonniers par les gentilshommes du pays, armés à cette occasion. En admettant la possibilité de parcourir sans encombre, une contrée que la présence des Gendarmes bourguignons poussait à la résistance, on ne voit pas quel motif aurait pu

---

(1) Tilchatel, canton d'Is-sur-Tille, arr. de Dijon (Côte-d'Or).
(2) Norges, canton et arrondissement de Dijon.
(3) Ruffey-les-Echirey, canton et arrondissement de Dijon.

décider un homme seul à quitter ses compagnons, pour venir apporter à Beaujeu le fruit de ses rapines.

***

Je n'ai pas cru devoir relater un événement qui eut en son temps un retentissement considérable, et qu'on trouve mentionné dans les documents de l'époque sous le titre de la *Détrousse de Capdorat*. Le véritable nom de ce personnage était Aymar de Poisieux, et il était maître d'hôtel du Dauphin.

Malgré la conduite des troupes du Dauphin et la répression dont elles étaient l'objet de la part du Maréchal, il n'y avait pas guerre déclarée entre la France et la Bourgogne. Capdorat n'avait donc pas craint de venir à Besançon, et, sur la fin de décembre 1444, il en sortait conduisant à Montbéliard un chariot chargé de provisions et escorté par des hommes de guerre, des pages et des valets. Arrivé dans la forêt située entre la Malmaison (1) et Roulans (2), il fut attaqué par une troupe armée qui lui tua trois hommes et s'empara du convoi. Cela donna lieu à une plainte suivie de négociations qui ne furent terminées qu'au mois de Janvier 1449 (3).

La distance qui sépare Roulans de Beaujeu est de 60 kilom. au moins, et il n'est pas admissible qu'un des fuyards ait pu, ne connaissant pas les chemins, faire ce trajet sans être arrêté dans sa course, car les populations ne pardonnaient pas aux gens de guerre isolés. Au surplus, dans les longs pourparlers qui eurent lieu à propos de ce fait, on trouverait quelques allusions, si réellement il s'était passé quelque incident du côté de Gray.

En appelant l'attention sur cette affaire, j'ai voulu surtout montrer comment les populations recevaient les Écorcheurs quand ils étaient en petit nombre, et faire comprendre ainsi ce qui avait eu lieu à Beaujeu, à l'arrivée d'un seul homme.

---

(1) Malmaison, commune d'Amagney, canton de Marchaux, arr. de Besançon.
(2) Roulans, chef-lieu de canton, arrondissement de Baume-les-Dames.
(3) J. DE FRÉMINVILLE, p. 193.

## Conclusion

Etant démontré que l'enfouissement du trésor a dû avoir lieu entre 1440 et 1450, je n'hésite pas à en fixer la date du 10 au 15 mars 1445, et à en reconnaître pour auteur sinon un chef subalterne, au moins quelque Écorcheur de marque qui avait su se faire une belle part (1) dans les milliers et milliers d'écus et de saluts d'or, versés pendant dix ans entre les mains de ces bandits, pour se racheter du pillage et de la torture.

Dans tous les cas, c'était un étranger auquel il était impossible de demander asile dans la forteresse ; c'était un ennemi poursuivi, harassé, serré de près et qui, s'étant trouvé à l'improviste au pied des remparts de Beaujeu, s'est jeté de côté dans les vignes et les vergers pour y mettre en sûreté son or qu'il ne devait plus revoir, et qui est resté ainsi caché pendant 450 ans.

---

(1) Jean de Chauffour, un des principaux *conducteurs* des Grandes Compagnies au XIV<sup>e</sup> siècle, n'avait ramassé que VI<sup>c</sup> L IX florins VII gros et demi, soit 494 fr. 85 c. Il est vrai que sa vie d'aventures n'avait guère duré que quatre ans, et surtout que le numéraire était beaucoup plus rare. En effet, après le paiement aux Anglais de *trois millions d'écus d'or* pour la rançon du roi Jean, fait prisonnier à Poitiers, le 19 septembre 1356, on fut obligé de se servir de *monnaie de cuir*.

Quoi qu'il en soit, Jean de Chauffour ne profita pas plus de cette somme que l'Écorcheur du XV<sup>e</sup> siècle du trésor de Beaujeu. Aussitôt qu'il eut remis le château de Dampierre-sur-Salon entre les mains du duc de Bourgogne, Philippe-le-Hardi, celui-ci le fit arrêter et exécuter à Langres. Ses biens furent ensuite confisqués, et, avec eux, les 659 florins 7 gros et demi qu'il avait confiés à un habitant de Pontailler, en se rendant à Auxonne avec sa compagnie auprès de J. de Montaigu, seigneur de Sombernon, capitaine général du duché. Sombernon l'avait fait venir, sous le prétexte d'aller attaquer à Gray les troupes de la comtesse Marguerite, commandées par Henri de Montbéliard. Il le reçut à bras ouverts, mais pour le remettre entre les mains du bourreau. (*Archives de la Côte-d'Or*, B. 1415, f<sup>s</sup> 18 et 46, v<sup>o</sup> ; B. 1416, f<sup>o</sup> 19 v<sup>o</sup> et 58 v<sup>o</sup>). Voir aux Preuves, n<sup>o</sup> 7.

# PIÈCES JUSTIFICATIVES & PREUVES

I.

Lan mil CCCC XXXII le XXᵉ jour du mois de juing, nous Jehan de Beffromont chevalier, seigneur de Mirebel et de Bourbonne, faisons scavoir a tous que nous confessons avoir euz et receuz des honnestes et religieuses personnes Frères Hugues Taperet custodes du Besanconoys, Jehan de Cromary vicaire du couvent des frères mineurs de Gray, Pierre Regnault, lizeur d'icellui, Nicolas Guiote, Jehan de Cusey et Jehan de Jussey, tuist frères dudit covent absens, je par eulx stipulant et acceptant et pour tout ledit covent, les sommes cy après déclarées. c'est assavoir : trois cens soixante saluz dor, *chascun saluz en la valeur de seize gros et demy,* quatorze nobles d'Angleterre *chascun en la valeur de trente trois gros,* douze angeloz *chascun en la valeur de onze gros,* quatre vingt florins *dor de vingt gros viez, chascun en la valeur de treize gros demi,* trois florins dor, de cinq saluz dor et vingt deniers monnoie dun cousté, et quatre vingt quatorze frans monnoie courant en gros bians, quil font en tout sept cent trente huit frans et dix gros ; Laquelle somme nous avions mis en garde et dépost es mains des diz religieux et covent pour le procès qui est entre noble seigneur messire Anthoine de Vergy et nous, pendant en la court du Parlement de Dôle, à cause de la terre de Choix, laquelle somme nous avons ostée et levée desdiz religieux icelz en acquittant tout leur covent présentement et absoluement, promectant, etc..., obligeant, etc..., renonçant, etc... Présens nobles hommes Hugues de Port et Thiébault de Grapinier, escuiers, tesmoings.

(Archives de la Côte-d'Or, B. 11.376, f⁰ 234 vᵉ).

Protocoles de Jehan de Champlucy, notaire à Mirebeau.

## II

Je Guy, bastard de Bourbon, certifie à tous que jay pris et mis par ces présentes en ma garde et asseurance le lieu, ville et place et toute la chastellenie et terre de Ray et les villaiges, ensamble tous les manans et habitans, ensamble tous leurs biens, bestiaulx, gros et menus, desquelles les noms s'ensuiguent, cest assavoir ladite ville de Ray et la parroiche, Vannes, Tencey, Membrey, Vaites, Brotes, Charentenay, Tulley, Lavoncourt, Mont Saint Ligier et Regnaucourt. Cy mande, commande a tous ceulz de ma compaignie, prie et requiers tous autres que en ladite terre et chastellenie de Ray, ne en toutes les villes et lieux dessusdiz ne faittes aulcuns loigis ne desplaisir auxdiz manans et habitans des diz lieux, mais les laissiez et souffriez labourer, aler et venir, pasturer leurs bestiaulx et faire leurs aultres besoignes acoutumées, seurement et sauvement, car ainsi je le promet sans fraude, barat, ne malengin quelconques, et veul et promect cette présente seureté faire veloir et entretenir sans aucunement corrompre cest présent voiage durant. En tesmoins de ce jai signé ces présentes de mon signet manuel et scellé du scel de messire Simon de Dampont, mon lieutenant à présent, en l'abscence du mien, le XII jour de mars lan mil M IIII trente IX. Signé G. bastard de Bourbon.

Original sur papier scellé d'un sceau en cire rouge plaqué à côté de la signature:

*Archives de la Côte-d'Or*, B. 11.881.

## III

**LISTE DES CHEVALIERS ET ÉCUYERS CONVOQUÉS AU MOIS DE JUILLET 1440, POUR RÉSISTER AUX ÉCORCHEURS.**

Le prince d'Orange (1), Louis de la Trémouille, comte de Joigny et seigneur d'Uchon, les sires de Charny (2), de Ternant, de la Guiche, de Bajardon, d'Espirey, de la Ferté Chauderon (3), de la Cueille, de Vit-

---

(1) Louis de Chalon-Arlay, fils de Jean de Chalon-Arlay et de Marie des Baux, héritière de la principauté d'Orange. Après la mort de Philibert de Chalon sous les murs de Florence, le 3 août 1530, ses biens, y compris la principauté d'Orange, passèrent à René de Nassau, fils d'Henri et de Clauda de Chalon, sœur de Philibert.

(2) Pierre de Bauffremont fils d'Henri et de Jeanne de Vergy, et frère de Jean et Guillaume.

(3) Claude de Montagu seigneur de Couches par son aïeule Marie de Bauffremont, et de la Ferté Chauderon par sa mère Isabelle de Bourbon, descendait d'Alexandre de Bourgogne, deuxième fils du duc Hugues III. Il n'eut qu'une fille naturelle, Jeanne légitimée par Louis XI. Elle épousa en 1450 Hugues de Rabutin dont sont issus les barons de Chantal et de Bussy Rabutin.

teaux (1), de Scey (2), de Ragney, de Rupt, de Poinceon, de Ray (3), de Sombernon (4), de Saint-Georges et de Sainte-Croix (5), de Pesmes (6), de Beauvoir, de Thoulonjon, de Gevrey, de Saint-Bris, de Verdun, de Mirebel (7), de Neufchatel-sur-Moselle (8), d'Estrabonne, de Blammont (9), Jean de Vergy, seigneur de Fouvans et de Vignory, Jehan de Rye seigneur de Thilchatel, Jehan de Longvy seigneur de Givray sur le Doubs, Ollivier de Longvy seigneur de Raon, Jean de la Trémouille, seigneur de Jonvelle, Thibaut de Neufchatel seigneur de Chemilly (10), Bernard seigneur de Chateauvillain, Girard de Vienne seigneur de Pagny, Jaques de Villers la Faye, Claude de Chatelux, Pierre de Traves, Aymé de Rabutin, Thibaut de Rougemont, Jean de Charmes, Guill. de Saint-Seine, Guill. de Grenant, Etienne de Rosière, Regnaut Briot, Jean et Pierre de Beaujeu, Antoine de Domprey (11), Jaques de Noident (12) Thibaut Jean et Guill. Valée, Jaques de Vellefaux, Jean de Poinctes, Guyot de Menoux, Nicolas de Baudoncourt, Thibaut de Velleguindry, Jean de Boignes, Henri, Jean et Fromond de Vesoul (13), Thibaud de Lesez, Guillaume de Cicons, Henri de Jussey, Guill. de Boingnes, Nicolas et Viennot de Buffignécourt, Antoine de la Marche (14), Guill. d'Amoncourt, Etienne de Ténarre, Antoine de Brancion, Jaques et Etienne de Champmergie, Pierre de la Colonge, Jean de Baissey, Guill. et Philippe de Vichy, Bénignes d'Orges, Oudard de Sagey, Pierre Castellane, Guill. de Ruffey, Girard Poinceon, les batards de Vergy, de Poinctes, de Mons et de l'Etang.

J. DE FRÉMINVILLE, p. 133, note.— *Bibl. nat.*, col. Bourg. T. XXX, f° 67.

---

(1) Jean de Chalon-Arlay, oncle du prince d'Orange, marié à Jeanne de la Trémouille.

(2) Guillaume de Bauffremont, frère de Pierre et de Jean seigneur de Mirebeau.

(3) Jean, seigneur de Ray et de Beaujeu.

(4) Guillaume de Bauffremont marié à Jeanne de Villersexel, héritière de la seigneurie de Sombernon, par sa mère, eut un fils, Charles, qui fut seigneur de Sombernon et dont les descendances portèrent le titre de marquis de Listenois.

(5) Guillaume V de Vienne, marié à Alix de Chalon, sœur du prince d'Orange.

(6) Jean de Granson, marié à Catherine de Neufchâtel, fille de Thibaut VI et de Marguerite de Bourgogne-Comté.

(7) Jean de Bauffremont marié à Marguerite fille de Jean de Châlon, seigneur de Vitteaux.

(8) Thibaut VIII père du maréchal de Neufchâtel.

(9) Thibaut IX qui fut créé maréchal le 11 août 1443, mais avait succédé en 1441 à Jean de Fribourg comme gouverneur général.

(10) C'était un bâtard de Neufchâtel.

(11) Antoine de Domprel était seigneur de Sauvigney-les-Angirey par sa mère Odette de Sauvigney, veuve en premières noces d'Etienne de Montcley.

(12) Chatelain de Ray, pour Jean de Ray.

(13) Il existait une famille de Vesoul qui possédait Frotey, Genevreuille, etc.

(14) Probablement le père d'Olivier de la Marche.

## IV. — B. 11810 ; COTE 64

*Monstre des hommes d'armes cy après nommez qui par ladvis et délibération des gens du Conseil et des Comptes de mon très-redoubté seigneur Monseigneur le duc de Bourgongne, estant à Dijon, ont esté ordonnez et mis sus en armes, soubz et en la compaignie de Noble et puissant seigneur Thiebault de Neufchatel seigneur de Blammont mareschal de Bourgogne, et paiez pour quinze jours au pris* DE DOU-ZE FRANCS *par mois pour chacune paie d'homme d'arme, pour iceulx par lui mectre et établir es frontières es villes et lieux où il sera le plus nécessaire pour la garde et seureté des pais et seigneuries de Mondit Seigneur et de ses subgiez, à lencontre et à la résistance des gens de crimes et routiers que l'on nomme* ESCOR-CHEURS *estans présentement en grant puissance près et à lentour des dits pays, en intention d'entrer et venir vivre et séjourner audit pais de Bourgongne pour iceulx grever et dommaigier de leur povoir comme lon dit, que Dieu ne vueille. Laquelle monstre fut faite à Citel-les-Gy par Simon Doursan (1) et Jehan Halart escuiers commis à ce de bouche, par Mondit Seigneur le Maréchal, le troisième jour d'aoust mil quatre cent quarante-quatre.*

*Les noms desquels hommes s'ensuivent ainsi :*

| | |
|---|---|
| Jean de Vergy, écuier baneret | Jean de Sanno. |
| Humbert de la Vurgnier (ou Burgnier). | Hugues de Willecossane. |
| Pierre de la Vurgnier. | Pierre d'Esgremont. |
| Jean de Belin. | Jean de Rousay (*Rosey*). |
| Humbert de Coulombière. | Anthoine de Willecossane |
| Jean de Trestondan. | Jaque de Rochefort. |
| Henry Destavayer. | Guillaume Damauge. |
| Pierre de Modon. | Nicolas de Buffignécourt. |
| François de Nanton, écuier baneret. | Loys Damoncourt. |
| Messire Jean de Vaumercoul, chevalier | Simon Doursan. |
| Jaquet de Vaultravers. | Jaquet de Dyesse. |
| Pierre Dornault. | Thibaut de Grautmont. |
| Guillaume de Chantran. | Othe Damanse. |
| Richart Chenere (*Chenevière*). | Anthoine de Coulombière. |
| Jean de Longueville. | Thevenin de Berticque |
| Nicolas La Verne. | Jean Halart. |

---

(1) Simon d'Orsans devint bailli de Champlitte par Jean de Fribourg qui, en récompense de ses services, lui donna, le 23 juin 1455, cent cinquante-deux arpents de terres incultes, situées au voisinage de la fontaine du Preslot. La même année, le samedi après Saint Denys (26 décembre), par acte reçu Guyot le Comte, clerc tabellion, Simon d'Orsans *accensait* son nouveau domaine à Jean Picardat et N. Brouillard de Margilley, moyennant la rente annuelle et perpétuelle de dix francs, représentant à *la monnaie courante*, six livres treize sols 4 deniers (*de monnaie dijonnaise par conséquent*). C'est là l'origine du hameau du Preslot.

La maison d'Orsans qui tirait son nom d'un village du bailliage de Baume (canton de Vercel) finit dans Lucrèce d'Orsans, fille de Pierre d'Orsans et de Anne de Marmier. Elle épousa le 25 septembre 1584, Erard du Chastelet, maréchal de Lorraine et marquis de Tilchatel, et gouverneur de Gray. Elle lui donna vingt enfants, dont seize filles. (Arch. de la Côte-d'Or, E. 1972, titres du marquisat de Tilchatel. Société Bourguignonne de géographie et d'histoire, T. XII, 1896, pages 155 et suivantes).

Guillaume le Roussel.
Regnault le Sommelier.
Le Petit Maître Jean.
Simon de Pierrefontaine.
Michiet de Hochamp.
Le bâtard d'Azu~s.
Tiertritus de Rebenal.
Huguenin de Reubenal.
Girart du Terrau.
Nicolas de Jou.
Bernugue Dorge.
Perrin de Cuves.
Jean Prevost.
Anthoine Chenolet,
Jean Jaquemart.
Mathieu de Saint-Loup.
Perceval de Vido.
Richart de Trotedan.
Andrieu Dantigny.
Etienne de Mailleroncourt.
Jean de Vaites.
Jean de Munans.
Huguenin de Mion.
Guillaume de Marsal.
Etienne de Monstereul.
Thibaut de Poisson.
Jean de Pymont.
Pierre de Monceau.
Hanotin de Terquetenne.
François Vidoine.
Anthoine Gauchier.
Guillaume de Fouvens.
Guillaume Gaigneure.
Pierre de Beljeu.
Guillaume de Vesvre.
Jacot de Charmes.
Girard, bâtard de Mandres.
Pierre Bourretet (*de Frasnes*).
Jacot de Bureville.
Hannus de la Maison.
Paule Lalemant.
Kathelin de Villesurarze.
Humbert de Villenove.
Jean Sebillote.
Guiot de Borquain.
Guillaume Chardon.
Nicolas de Saint-Martin.
Jean Armenier.
Jean de Grantmont.
Fromont de Saint-Loup.
Varrelin Bellehains.
Jean Bellehains.
Etienne de Montjustin.
Guillaume Valée.
Guillaume de Mont-Saint-Léger.
Guillaume Vaillant (*de Maizières*). (1)

Regnault Virot.
Jean Fromont.
Guillaume de Chasteillon.
Girart de Choilly.
Jean de Boingne.
Hartault de Champeaul.
Jean Marcilly.
Crepin de Champpeaut.
Jean de Beffroymont, écuier baneret.
Jaque de Montmartin.
Jean de Charmes.
Thierry de Charmes.
Jean de Baissey.
Pierre d'Achey.
Jean de Chissey.
Guillaume de Bèze.
Pierre de Croisy (*Crosey*).
Simon Daurecourt.
Guillaume d'Amangé.
Liebaut, bâtard de Ruppes.
Jean, bâtard de Ruppes.
Simon de Mailleroncourt.
Guillaume de la Ferté.
Jean de Fontetes.
Jean Daroz.
Le Bâtard de la Roche.
Monseigr de Pesme, chevalier banneret
Jean de Vergy, sr de Montrichier.
Jaque de Vellefaux.
Pierre de Chavirey.
Loys de Montmartin.
Le Seigneur de Biolet.
Jean de Montfort.
Jaque de Myon.
Humbert de Bien (*Byans*).
Pierre de Montigny.
Anathoire de Montagu.
Jean Costable.
Vienot de Prerot (ou Pierot).
Richart de Belin.
Bertot de Neufveselle.
Jean de Fenin.
Huguenin de Prelle.
Huguenin de Matenay.
Extasse de Mantenille.
Henry de Montruchart.
Glaude de Collaour.
Oudot de Chissey.
Jean de Chissey.
Picret de Beafort.
Jean de Villafanlt.
Glaude de Falerans.
Jean de Falerans
Etienne de Falerans.
Guigne Ferrière.
Jean Michelet.

---

(1) Guillaume *Le Vaillant* de Maizières, canton de Rioz, arrondissement de Vesoul, avait un fief à Beaujeu qu'il tenait de sa mère Anne de Beaujeu.

Jean de Ponteillier.
Guillaume de Godan.
Guiennot Taillefert.
Jean de Pierre.
Etienne *de Quenbach.*
Jean de Champaignol.
Denis-de Martigny.
Humbert dn Vernoy.
Henry de Doubz.
Aymonet Ferlin.
Jean du Perier.
Pierre Liteau.
Charle de Prey.
Vauchier du Lardeleret.
Henry Vignier.
Guillaume Le Grant.
Glaude Robelin
Jean Fournier.
Exprès de la Tape.
Guillaume de Ronchart.
Glaude Guerrelet.
Jean de la Sauge.
Catherin de Nostrey.
Jean Gelin.

Hugue Sarrazin.
Pierre Divry (ou Drury) (*Ivory*).
Claude de Blandent.
Jean Passequoy (*de Pesmes*).
Humbert de Verges.
Guillaume Bruye.
Guiart Rotequin.
Henry de Scey.
Guichart Marchant.
Le Petit Jean Dandelot.
Le Grand Jean Dandelot.
Jean de Villers.
Etienne de Roche.
Le Bâtard Serno.
Le bâtard de Montagu.
Hugue de Saint Jaquemont.
Jeannin quatre barbes.
Le bâtard de Grançon.
Le grand Jehannin.
Jean de Danemarie.
Pierre Dornans.
Guillaume de Chantrans.
Claude de Courcelles.

—

*Somme deux cens paies à compter, chevaliers banneret pour quatre paies, escuiers baneret pour deux paies, chevaliers bachelier pour deux paies, hommes d'armes pour une paie, paiez pour quinze jours entiers, au pris de douze frans par paie par mois, en font deux cens paies, qui montent au dit pris pour lesditz quinze jours, douze cens francs.*

(TUETEY, T. II, p. 22, donne une autre montre d'armes qui eut lieu à Lisle-sur-le-Doubs, le 19 novembre 1444. On y voit un certain nombre de chevaliers et écuyers dont le nom figure dans la liste ci-dessus).


V


« Information faite par Huguenin Belverne, tabellion de Luxeuil,
« Gauthier Courbenay de Faucoigney (1) lieutenant du prévost dudit lieu
« et tabellion de monseigneur le duc et comte de Bourgogne, etc... ad ce
« commis par messeigneurs les Gens du Conseil de mondit seigneur à

---

(1) Faucoigney, chef-lieu de canton, arrondissement de Lure (Haute-Saône). Les seigneurs de Faucogney étaient de la première noblesse de la Comté. Ils possédaient à titre héréditaire la vicomté de Vesoul. Jean de Faucogney, petit-fils d'Heluys de Joinville, sœur de l'historien de Saint-Louis, épousa Isabelle de France, fille du roi Philippe V dit le Long et de Jeanne de Bourgogne. Elle était veuve du Dauphin du Viennois.
Le duc de Bourgogne, Philippe-le-Hardi acheta Faucogney le 27 octobre 1374, d'Henry de Raon, sire de Longwy, tuteur de son fils Jean, qu'il avait eu de Jeanne de Faucogney, dernière héritière de cette illustre maison. Le prix fixé fut de 20.000 florins. (Arch. de la Côte-d'Or, B. 10441).

« Dijon… au fait des dommages faiz esdites terres de Faucoigney et de
« Luxeuil, tant par les Français comme par les Barrois, Lorrains et leurs
« complices, depuis que la paix fut faite à Arras etc… »

*8 janvier 1445* : « 1° Huguenin Belverne dépose lui-même « que les gens
« de messire Regnaud de Darzenay, seigneur du Plessis, lieutenant du
« sénéchal d'Anjou, vindrent courre devant le dit Luxeul et illec em-
« menérent une partie des bestes dudit Luxeul et celles des villes de St
« Saulveur (1), Froideconche (1), Bruches (1) et Briancourt (2) qui sont
« de la terre dudit Luxeul, au nombre d'environ mil grosses bestes et
« IIIᶜ tant chastron que berbis… Et prindrent plusieurs hommes des
« dites villes et les emmenèrent comme prisonniers et larrons, lyés sur
« chevaulx jusques au finage de Mondorel, et illec firent composer a
« eulx lesdits prisonniers pour la somme de VIIᶜ florins d'or et XIII des
« meilleurs chevaulx en valeur de C florins d'or… »

« 2° Thibaut Lenfant demeurant au Chasne, faubourg dudit Luxeul,
« déclare qu'il a été dommagé de plus de vint francs sans les vivres
« qu'ils leur convenoit avoir, et ne leur osait refuser de choses qu'ils de-
« mandassent, ou *autrement ils vouloient toujours bouter les feugs partout…*

3° Girart Salnot, bourgeois dudit Luxeul demeurant à la Corvay faubourg dudit Luxeul, déclare… premièrement rompirent toutes les serru-
res et huisseries (*portes*) de son hostel, lui ardirent (*brulèrent*) les bans,
tables, selles (*chaises*) et autres ustensiles; dit oultre que le jour que mon
dit seigneur le dauphin arriva audit Luxeul, lui firent les dommaiges
qui sensuivent ; c'est assavoir lui rompirent un escrin auquel ils lui prirent XXII crevechiez (*couvre-chef*), XII chemises, XII petits draps ..

4° fᵒ 10 Jean Jaquet bourgeois de Luxeul demeurant au Chasne dudit
Luxeul dit… lui despecèrent cinq chalis, sept arches, (*coffres*), trois bans,
déferrèrent et bruslerent les fenestres, lui tuèrent et prindrent trois
beufs, cinq vaiches et onze porcs, lui prindrent en plus deux lits, deux
chevessiez (*traversins, chevets*) et deux coutres (*couvertures*), quatre linceuls
et plusieurs autres menus biens, deux pots de couvre, deux chaudières
deux paelles dairain, deux andiers de fer… et descouvrirent sa maison en
plusieurs lieux.

5° Jehan Jaqdemin bourgoix dudit Luxeu, juré comme dessus, dit que
les gens de mon dit seigneur le Dalphin lui ont ars (*brulé*) ung vouge
(*pétrissoire*) deux huisseries, deux chaliz et descouvrirent *et rompirent*
*plus de III mil de tieulle du toit de sa maison*, lui bruslèrent plusieurs usten-

---

(1) Saint-Saulveur, Froideconche, Breuches, canton de Luxeuil, arrondissement de
Lure.

(2) Briancourt, canton de Saint-Loup, arrondissement de Lure.

siles dostel questoient en icelle, comme bans, tables, selles, fenestres, tréteaulx, dont il a esté dommaigé de plus de trente francs, y comprins le foing et fouraige quils ont gatez a grant oultraige.

6° Jehan Belverne bourgois de Luxeu, juré comme dessus, dit et dépose que audit temps les gens de mondit seigneur le daulphin lui ont fait en deux maisons quil a au faubourg dudit Luxeu appelé la courvée, fait les dommaiges qui sensuiguent: premièrement rompuz *les verrières* de quatre fenestres a croisiez, quatre verrières de quatre fenestres à moyen, ars (brulé) quatre estriers. ung ban quatre vaisselez à mettre vin, rompuez et despéciez les quaquelles (*pots*) de son paulle, brulé une chapponnière, trois huisseries, rompuez le parement d'une cheminée, brulé les platons jusquaux traverses, les quelles dommaiges, compreins trente journaux d'avoinnes XXIIII voitures de foing quils lui ont gastez, puent monter à la somme de IIII<sup>xx</sup> francs.

7° Jehan Lambert dudit S<sup>t</sup> Salveur (1), aigé d'environ LX ans, juré comme dessus, dit par son serement donné aux sains Euvangiles de Dieu, que au dit temps et lorsque mondit seigneur le dalphin estoit loigiez en sa propre personne en la ville de Luxeu, certains compaignons d'armes de la rote de mondit seigneur le dalphin prindrent le filz de lui qui despose, appelé Girard Lambert, de laige d'environ XXXII ans, et après ce qu'ils leurent battuz très villainement pour ce qu'il ne se ranconna à certaines grosses sommes d'argent, le prindrent incontinent et le amenerent en leurs logiz et faubourg dudit Luxeu, *et pour ce qu'il ne peust avoir cedit jour ladite rainçon*, le loyèrent les bras derrière le doz et le firent monter sur la tour de la porte de lantrée dudit faubourg dudit Luxeu, et dès le hault de ladicte tour le firent saillir a terre, dont il fut incontinent mort.

8° Jehannot Regnaudin, maire de Villers les Luxeu aigé denviron LVI ans, dict et despose que es mois de juillet et aoust derrierement passé les gens de mondit seigneur le dalphin furent loigez en ladicte ville de Villers, lesquels lui prindront les buefs et vaiches de son hostel par trois fois, lesquels il rainçonna de la somme de unze francs. Item lui gaitèrent et rompirent *XXII vaisselz de moichates* (abeilles). lui emmenèrent trois chevaulx, lui ont tuez et emmenez IX pors, deux veaulx dung an. Item lui gastèrent trois beschots froment et ung bechot avoinne, lui emportèrent un pot de couvre, trois chaudières, deux paelles darain, deux faulx, deux cugnées, un vosge, une haiche a mains, lui ardirent trois arches, ung chaliz, lui rompirent sa maison en plusieurs lieues, lui ardirent deux cuves à gouverner vin, lui rompirent une chevessie de plume et *jeterent la plume au vent*, et lui ont ars son char et plusieurs au-

---

(1) S<sup>t</sup>-Sauveur-les-Luxeuil, canton de Luxeuil, arrondissement de Lure (H<sup>te</sup>-Saône).

tres menuez édiffices et meubles de bois estans en sondit hostel, lesquels dommaiges se puellent monter en oultre VIII charretées. de foing a la somme de LX IIII frans et plus.

9° Jehan le bastart dudit Mailleroncourt (1) eaigé de XL VIII ans juré dit et dépose que les gens de monseigneur le Daulphin estant à Vauvillers près dudit Mailloncourt prindrent lui qui parle et lemmenèrent audit Vauvillers auquel lieu ils le batirent très vilainement et le rainconnerent de IIII florins dor, dit aussy que les gens de mondit seigneur le daulphin qui furent loigiez à Ormoy près dudit Moilleroncourt preindrent y qui despose et l'emmenèrent audit Ormoy leur prisonnier auquel lieu ils le batirent tant quils le cuidoient (*croyaient*) avoir tué, et quand ils virent quil ne parloit plus, ils renioient D'eu quils vauroient sil parleroit jamais, et lors le lierent par les piez et par les mains et le boutirent parmi ung baston, lui rebraisirent sa roube le contremont et lui avalirent ses menus draps, et le coucherent de costé le feulx pour le rotir, lequel quant il sentit le feul, fut reconforté et se reprit a parler, et ung peu après qu'il encommença a brûller, y cria et brailla par la force du feul quil avoit, et larderent tellement que les pièces de son corps de son dolz et de ses naiges cheurent par giant pieces devant lesdits gens d'armes. Et lors quil virent qu'il se moroit, ils le deslierent et le mirent a rainson de IIII saluz d'or quil leur furent paiez contant.

(Archives de la Côte-d'Or, B. 11881. Tuetey, t. ii, p. 301 et suivantes).

VI

F° 24: à Salins le herault, le XV jour dudit mois de may (1445) la somme de dix livres tournois, monnoie à présent corrant que mes<sup>re</sup> les Gens des Comptes de mondit seigneur lui ont ordonné estre baillé et délivrè, sur ce qui lui pourra estre deu à cause de voiage que M. le Mareschal de Bourgoigne lui a ordonné faire, cest assavoir de tantost et prestement aler devers pluseurs chevaliers et esculers demourant es pais de Bresse, Chalonnois et ailleurs illecques, pour les diz chevaliers et esculers faire mestre sus en armes au plus grant nombre de gens de guerre quils pourront, pour eulx tirer et aler devers mondit seigneur le mareschal en quelque lieu quil soit, pour résister à certaines entreprinses et mauvaise vouleuté que ont les gens du Roy nommez *Escorcheurs*, et rend ci la quittance. Pour ce.................. X livres tournois.

(Archives de la Côte-d'Or, B. 1693. Comptes de Jehan de Visen, 1444-1445.

---

(1) Mailleroncourt-Saint-Pancras, canton de Vauvillers, arr. de Lure (Haute-Saône).

## VII

« Item de Hugues Aubriot bailli de Dijon, le mercredi voille de la
« miaoust, par la main Michiel Dancise demourant à Pontoillier des
« biens de la confiscation de feu monseigneur Jehan de Chauffour jadis
« chevalier, pris au duché de Bourgoigne et justicié à Langres pour ses
« démérites, pour deniers que ledit chevalier avoit laissé en garde à la
« femme dudit Michiel avant sa prise, en un sac scellé apporté par ledit
« Michiel, et dessellé en la présence de monsʳ de Voudenay, dou bailli de
« Chalon, de monsʳ Estienne de Musigny, de maistre Jehan Blanchet et
« plusieurs autres, pour tout VIᶜ LIX florins VII gros et demi ». (Arch.
de la Côte-d'Or, B. 1416, fº 19 vº. Compte de Dimanche VITEL, depuis la
Toussaint mil CCC LX IIII à la Toussaint CCC LX V).

GRAY. — IMPRIMERIE ET LITHOGRAPHIE DE GILBERT ROUX.

www.ingramcontent.com/pod-product-compliance
Lightning Source LLC
LaVergne TN
LVHW022309170726
843503LV00006B/2403